INHALT

Kuo Huey Jen

Schlemmerreise durch die

Chinesische Küche

FALKEN

Es gibt wohl kein Land, das auf eine ältere Kultur zurückblicken kann als China; und so wie ich es aus meiner Familie kenne, ist es auch in jedem anderen Haushalt: Das Festhalten an der Tradition ist Bestandteil des Lebens. Natürlich hat sich auch in unseren Küchen viel gewandelt, auch hier haben die Technik und die modernen Kochmethoden Einzug gehalten. Eines aber ist geblieben: die Freude am Essen, die wir in China als eines der höchsten und wertvollsten Dinge in unserem Leben ansehen und dementsprechend zelebrieren. Dies ist vielleicht auch der Grund, warum die chinesische Küche in der ganzen Welt einen Siegeszug ohnegleichen angetreten hat. Denn überall, wo Chinesen sind, wird die eigene Eßkultur beibehalten, und wer einmal die chinesische Geschmacksvielfalt kennengelernt hat, der wird sie auch nicht mehr missen mögen.
Chinesisches Essen sollte immer in Gesellschaft anderer Feinschmecker genossen werden. Die Hausfrauen, die Hobbyköche und auch die professionellen Köche werden bei Festessen immer ihr Bestes geben, um eine Vielzahl von Gerichten in unterschiedlichen Geschmacksrichtungen und Darreichungsformen zu servieren. Der Phantasie sind gerade bei der Präsentation keine Grenzen gesetzt. Ob das Essen verspielt angerichtet, oder ob es mit Blumen, Blüten, Fächern und anderen Kunstelementen geschmückt wird, die Chinesen sind Meister der Verzierung.
Mehr als in anderen Ländern wird darauf geachtet, daß sich zuerst das Auge an den Speisen ergötzen soll, bevor der Gaumen sie schmeckt.
Doch ehe sich das Auge oder der Gaumen verwöhnen lassen können, erfolgt natürlich die Zubereitung.
Wer die chinesische Küche schon ein wenig kennt, der weiß, daß viele Gerichte sehr schnell und einfach zuzubereiten sind, daß es aber auch Garmethoden gibt, die sehr aufwendig und zeitraubend sind. Beide Methoden lohnen sich, denn das Ergebnis ist immer vollkommen. Achten Sie auch in Ihrer Küche auf das Gegenspiel von knackig und weich, von frischen Zutaten und getrockneten.
Auf die verschiedenen Arten zu garen und die Möglichkeiten, die Hitze als Gewürz und Geschmacksträger zu verwenden, gehe ich auf den folgenden Seiten genauer ein. Doch eines sollte hier schon gesagt werden: Bei einem chinesischen Menü sollten Sie immer darauf achten, daß die einzelnen Gerichte sich auch in der Zubereitungsart unterscheiden.
Meist werden alle Speisen auf einmal serviert und so angerichtet, daß sich jeder Gast von jedem Gericht etwas nehmen kann. Sehr praktisch hierfür sind Drehteller, die in die Mitte des Tisches gestellt werden. Jeder Gast bekommt seine eigene Portion Reis, der zum Mischen mit den einzelnen Gerichten gedacht ist und das nötige Sättigungsgefühl bringen soll, denn daß der Gast hungrig von einer chinesischen Tafel aufstehen könnte, würde für den Gastgeber eine große Blamage bedeuten, die nicht auszudenken wäre. Die Vielfalt der Gerichte habe ich schon angesprochen, ebenso ist es bei den Gewürzen und den Zutaten, auch hier sollen sich die Gegensätze anziehen: Süß und sauer, scharf und lieblich sind hier die Gegenpole.
Viele Menschen begegnen der chinesischen Küche immer noch mit Skepsis und der Scheu vor fremdländischen Zutaten. Doch unterscheiden sich diese gar nicht so sehr von den unseren. Es gibt in China wie hier Gemüse, Fisch, Fleisch und Geflügel, die wenigen Ihnen nicht vertrauten Gewürze bekommen Sie mittlerweile in fast allen gut sortierten Warenhäusern.
Was das Kochen selbst betrifft, so ist die chinesische Küche auch für den Anfänger meist sehr einfach, vorausgesetzt, man beachtet einige grundlegende Dinge.
Wichtig ist das Unterscheiden zwischen Vorbereitungsphase und Kochphase. Bei der ersteren müssen Sie all die Arbeiten erledigen, für die beim Kochen nachher keine Zeit mehr bleibt. Es soll ja alles schnell zubereitet werden und nichts verkochen oder verbraten.
Die Rezepte sind deshalb genau in der Reihenfolge der benötigten Zutaten aufgelistet, die einzelnen Arbeitsgänge Punkt für Punkt beschrieben. Jedes Rezept ist für 4 Personen berechnet, und zwar so, daß es für einen Hauptgang ausreicht. Wenn Sie nun ein chinesisches Menü oder eine Tafel zusammenstellen wollen, achten Sie auf die Menge und verringern oder vergrößern Sie diese entsprechend der Anzahl Ihrer Gäste.
Mir bleibt nur noch der Wunsch, Ihnen mit diesem Buch etwas Freude bereiten zu können und einen kleinen Einblick in unsere Küche gegeben zu haben. Für das Nachkochen meiner Rezepte

wünsche ich Ihnen viel Spaß, gutes Gelingen, und denken Sie dabei immer an eine alte chinesische Weisheit: Der Himmel liebt die Menschen, die gut essen.
In diesem Sinne wünscht Ihnen viel Liebe und Glück
Ihre

Die wichtigsten chinesischen Küchengeräte

Die Kunst des Kochens hat sich im Laufe der Jahrtausende in China entwickelt. Dabei entstanden Küchengerätschaften, die für die chinesische Küche unentbehrlich sind. Das soll aber nicht heißen, daß Sie ohne diese Requisiten nicht chinesisch kochen können. Mit etwas Phantasie kann man sie durch europäische Pfannen, Töpfe und Messer ersetzen. Die Anschaffung lohnt sich erst, wenn Sie regelmäßig chinesische Küche auf dem Speiseplan haben. Die wichtigsten dieser Gerätschaften sind auf dieser Seite beschrieben.

Der Wok
Einer Gußeisenpfanne ähnlich ist der Wok. Dieser Topf in der Form einer halben Kugel muß sehr schwer und aus gut leitfähigem Material sein. Er soll am tiefsten Punkt sehr heiß werden können und die Hitze auf die Seitenwände weiterleiten. In der chinesischen Küche ist er praktisch die einzig gebräuchliche Form eines Topfes. Darin wird gebraten, gekocht und gedämpft. Es gibt ihn in verschiedenen Größen, die kleinsten haben einen Durchmesser von 25 cm, die größten, die in den Restaurants verwendet werden, erreichen einen Durchmesser von etwa 1 m. Normalerweise wird der Wok auf das offene Feuer gestellt, für die europäischen Herde empfiehlt sich ein Metallring, der genau auf die Herdplatte paßt. Dieser Metallring gibt dann dem Wok die nötige Standfestigkeit. Dadurch, daß der Wok der Alleinherrscher unter den chinesischen Töpfen ist, müssen Sie sich in Ihrer Küche damit behelfen, für die verschiedenen Gararten die entsprechenden Pfannen oder Töpfe zu verwenden. Dem Wok stehen in der europäischen Küche die Bratpfanne, der Schmortopf oder Dämpftopf und der Kochtopf gegenüber.

Der Feuertopf
Dieser ursprünglich aus der Mongolei stammende Topf ist eine Besonderheit. Ähnlich unseren Fonduetöpfen hält er die Speisen warm, oder sie werden darin gegart. Beheizt wird der Feuertopf mit Kohlen, die sich in einem Rechaud unterhalb des Topfes befinden. Dieser Rechaud erinnert an einen Kohleofen in Miniaturform. Der Schornstein befindet sich in der Mitte des Topfes, der ähnlich wie unsere Napfkuchenformen aussieht. Der Feuertopf ist zwar ein sehr dekoratives Element in Ihrer Küche, doch wer ihn nur einmal im Jahr verwendet, kann ihn auch durch ein normales Fondue-Set ersetzen. Die Funktion dieser beiden Gartöpfe ist fast gleich, doch wird in der chinesischen Küche meistens in Brühe gegart, während beim Fondue das Fett oder Öl eine wichtigere Rolle spielt.

Der Dampfkorb
Dieser Korb ist ein Einsatz für den Wok und besteht aus Bambus. Das Geflecht ist so beschaffen, daß der Dampf die daraufliegenden Lebensmittel gut durchdringen kann. Es gibt auch hier verschiedene Größen. Der Dampfkorb hat in der chinesischen Küche einen Stammplatz, denn das »Dampfgaren« ist weitaus beliebter als bei uns; Sie bekommen ihn in speziellen Chinaläden. Die Anschaffung ist nicht sehr kostspielig und rentiert sich, da Sie diese Körbe auch für Ihre alltägliche Küche einsetzen können. Dampfgegarte Lebensmittel sind leicht und bekömmlich, da die Zubereitung sehr schonend ist. Falls Sie keine Dampfkörbe bekommen, so können Sie die Garmethode auch in einem Dämpftopf, wie Sie ihn zum Kartoffeldampfen verwenden, nachvollziehen. Noch einfacher ist es aber, einen Siebeinsatz in einen Topf zu stellen und das Gargut darauf zu verteilen. Damit das Sieb nicht von Flüssigkeit überspült wird, können Sie es auf einen Stein legen.

Das Küchenbeil
Im Grunde genommen ist dies das einzige Instrument, mit dem in der chinesischen Küche zerkleinert, geschnitten und gehackt wird. Es gibt zwei Ausführungen: das kleinere Schneidbeil und das schwerere Hackbeil. Wer einmal einem Profi bei der Arbeit mit diesen Beilen zugesehen hat, der wird sich über die Verwendungsmöglichkeiten wundern. Erstaunlich ist die Geschicklichkeit der Köche und Köchinnen, mit diesen doch eher unförmigen Geräten auch kleine Kunstwerke zu schneiden und zu schnitzen. Als Arbeitsunterlage dient dabei meist ein Hackstock oder eine gehobelte Baumscheibe. Es erfordert viel Übung, die Beile richtig zu handhaben, zudem die Klingen noch rasiermesserscharf sind. Es empfiehlt sich daher für vorsichtige Menschen, doch lieber bei den gewohnten Messern zu bleiben. Scharf müssen diese allerdings auch sein, denn ein wichtiger Grundsatz gilt immer: Die Zutaten für ein Gericht sollen möglichst gleich groß geschnitten werden und eine einheitliche Form besitzen.

Der Pfannenheber und der Schöpflöffel
Diese beiden Küchengeräte haben in der chinesischen Küche die gleiche Funktion wie in der europäischen Küche. Der Pfannenheber ersetzt dabei noch den Kochlöffel, der besonders beim Kochen mit dem Wok Verwendung findet. Der Schöpflöffel kommt bei allen flüssigen Speisen, wie Suppen und Saucen, zum Einsatz.

Das Garkörbchen
Dieses kleine Körbchen wird für die Zubereitung von Speisen am Tisch verwendet. Es besteht aus einem feinmaschigen Drahtgeflecht und einem etwas längeren Stiel. Die Zutaten werden hineingelegt und anschließend in die Brühe oder in schwimmendes Fett gehalten. Diese Körbchen erfüllen eine ähnliche Funktion wie die Fonduespieße in der europäischen Küche.

Der Sieblöffel
Dieser Löffel besteht aus einem Drahtgeflecht und einem Holz- oder Bambusgriff. Er wird zum Abtropfen der fritierten oder gebackenen Zutaten benötigt. Der Bambusgriff ist wichtig, da er die Hitze sehr schlecht leitet und damit die Gefahr des Sich-Verbrennens sehr gering ist. Es gibt diese Löffel in verschiedenen Größen. Auch in der europäischen Küche gibt es etwas Ähnliches, nämlich den Schaumlöffel. Falls Sie eine Friteuse besitzen, so können Sie den Fritierkorb verwenden, der im Endeffekt die gleiche Funktion hat wie der Sieblöffel.

Die Garmethoden in der chinesischen Küche

Diejenigen, die mit der chinesischen Küche schon ein wenig vertraut sind, werden wissen, daß dabei die Hitze und die Garart eine große Rolle spielen. Weit mehr als in der westlichen Küche wird unterschieden zwischen den einzelnen Garstadien. Daraus haben sich eine Vielzahl von Garmethoden entwickelt, die den Speisen verschiedene Geschmacksnuancen geben. So kann ein und dasselbe Gericht, anders gegart, ganz anders schmecken.
Die Rezepte in diesem Buch wurden für die europäische Küche geschrieben. Wenn Sie richtig chinesisch kochen wollen, ist es erforderlich, die Garmethoden dieser Küche zu kennen und sie dann dementsprechend in den einzelnen Rezepten anzuwenden. Wie unterschiedlich dabei gekocht wird, zeigen die folgenden Seiten und Phasenfotos. Das ist ganz leicht, es kommt nur auf einen Versuch an, die einzelnen Methoden nachzuvollziehen. Die wichtigsten wollen wir Ihnen hier vorstellen, denn wenn man all die unterschiedlichen Arten der vielen Regionen Chinas aufzählen wollte, so würde dieses Buch fast nicht ausreichen.

Unter-Rühren-Braten
Dies ist die wohl wichtigste Garmethode in der chinesischen Küche. Hierbei wird das Prinzip der Frische und der Festigkeit der Speisen voll beibehalten. Die Zutaten werden dabei grundsätzlich in mundgerechte Stücke geschnitten und in der Reihenfolge der Gardauer in das sehr heiße Fett gegeben. Dabei ist zu beachten, daß sämtliche Vorbereitungen bereits vorher abgeschlossen wurden, denn schon eine kurze Unterbrechung des Garvorganges läßt das Gericht nicht gelingen. Wichtig ist, daß das Fett im Topf sehr heiß ist und die Zutaten darin unter ständigem Rühren gebraten werden.

Das Braten
Diese Methode ist für die westliche Küche aufgrund der modernen Technik kein Problem; ob Gas- oder Elektroöfen, hier kann die Hitzezufuhr genau kontrolliert werden. In der traditionellen chinesischen Küche gab es diese Öfen nicht. Man behalf sich mit tonnenartigen Behältern, die von unten mit Holzkohle befeuert und von oben mit einem schweren Deckel verschlossen wurden. Das Gargut selbst wurde in die Tonne gehängt und nicht gelegt. Dadurch und durch die sehr hohe Hitze werden die Bratenstücke in kürzester Zeit gegart und erhalten rundherum eine gleichmäßige Farbe.

Im schwimmenden Fett ausbacken
Bei dieser Methode unterscheidet man – nach dem Hitzegrad des Fettes – das langsame Ausbacken bei geringer Hitze und das schnelle Ausbacken bei sehr hoher Hitze. Im ersten Fall wird das Gargut mindestens 10–15 Minuten ausgebacken, während der Garprozeß im zweiten Fall nur Sekunden dauert.

Über Feuer braten

Bei dieser Garart wird das Gargut über offener Flamme gebraten oder gegrillt. Dabei werden Produkte im Rohzustand sowie bereits vorgegarte Lebensmittel auf einem Spieß oder einfach auf dem Rost gegart. Meistens werden sie mit einer Marinade oder einer Glasur bestrichen, damit eine krosse knusprige Kruste entsteht.

In Teig hüllen und braten

Sehr beliebt ist die Methode, Fisch, Fleisch, Geflügel oder Gemüse in einem Backteig zu wenden und in schwimmendem Fett auszubacken. Zutaten, die hierfür verwendet werden, jedoch längere Garzeiten haben, werden zuerst über Dampf, in Brühe oder in Fett vorgegart. Eine andere Möglichkeit, eine einfache Teighülle herzustellen, ist, das Gargut in Flüssigkeit zu marinieren und mit Stärkemehl zu bestreuen.

In der Sauce braten

Bei dieser Garmethode wird das Gargut zuerst normal angebraten und mit Öl oder Fett begossen. Erst wenn die Garzeit zur Hälfte vorbei ist, wird dann mit einer Sauce aufgefüllt. Meist werden hierfür Gemüsesaucen verwendet, die vorher angerührt wurden. Eine weitere beliebte Möglichkeit ist es, die Saucen durch verschiedene Alkoholika zu ersetzen und damit das Bratenstück zu aromatisieren. Diese Methode wird hauptsächlich bei der Zubereitung von Fisch und Geflügel angewendet.

Durch-Begießen-Braten

Dabei wird das Gargut auf einem Rost in den Ofen geschoben, die Fettpfanne mit Öl gefüllt und unter den Rost gestellt. Wenn das Fett sehr heiß ist, wird das Gargut mit dem Öl begossen. Dies erfolgt mit einer Schöpfkelle und wird während der Garzeit möglichst oft wiederholt. Kleinere Bratenstücke hängt man über das heiße Fett in einen Fritierkorb und begießt sie so lange, bis sie gar sind.

In Glut braten

Dabei werden die Garstücke in glühende Kohle, in Sand, Ton, Lehm, unter heiße Steine oder Salz gepackt und so gegart. Dem europäischen Haushalt wird diese Methode einige Schwierigkeiten bereiten, doch für die Grillsaison im Sommer wird Ihnen diese Methode bestimmt gefallen; der Erfolg bei Ihren Gästen ist Ihnen gewiß.

Die Garmethoden in der chinesischen Küche

Das Schmoren
Auch hierbei gibt es viele Abwandlungen. Die wohl bekanntesten Arten sind das Rotschmoren oder das Weißschmoren. Bei der ersteren Methode wird das Gargut angebraten und zusätzlich mit einer Mischung aus Sojasauce, Zucker und etwas Essig bestrichen. Erst dann wird mit Flüssigkeit abgelöscht und im verschlossenen Topf gegart. Im Gegensatz dazu wird beim Weißschmoren nicht angebraten. Auch soll die Hitze geringer, die Flüssigkeit beim Garen reichlicher sein.

Am Tisch in Flüssigkeit kochen
Diese Garmethode ist sehr beliebt und – wie das Fondue – fast ein Gesellschaftsspiel. Dabei wird Brühe oder eine andere Flüssigkeit in einem Topf (Feuertopf) mit Stövchen auf den Tisch gestellt, und jeder der Gäste gart sich seine Zutaten selbst. Dabei müssen Sie darauf achten, daß die Produkte möglichst klein und dünn geschnitten sind.

In Flüssigkeit kochen
Bei allen Zutaten, die in Flüssigkeit gekocht werden, ist die genaue Garzeit zu beachten. Es kommt darauf an, daß die Produkte nicht zu lange, aber auch nicht zu kurz kochen. Die Geschmacksstoffe sollen dabei voll erhalten bleiben. Wenn die Flüssigkeit zu sehr kocht, etwas kaltes Wasser nachgießen! So kann man die Hitze genau kontrollieren. Der Sud dient als Grundlage für Suppen und Saucen.

Zuerst kochen, dann braten
Diese Methode, Produkte zu garen, ist etwas zeitaufwendig. Durch das Mischen der beiden Garprozesse bekommt das Gargut aber eine besondere Note. Es soll innen fast zerfallen (also auf der Zunge zergehen), außen aber knusprig und fest sein.

Das Dämpfen
Den hierfür benötigten Dampftopf kennen Sie bereits. Dieser Topf wird nun in den Wok gesetzt, und der wird wiederum mit etwas Flüssigkeit gefüllt. Auch hier werden das offene und das geschlossene Dämpfen genau unterschieden. Eines gilt jedoch für beide Arten: Die Lebensmittel, die gedämpft werden sollen, sollten vorher kurz in kochendem Wasser blanchiert werden. Damit werden erstens die Poren geschlossen und zweitens Bakterien oder Keime abgetötet.

Zuerst braten, dann dämpfen
Bei dieser Art zu garen werden die Produkte erst in Öl vorgebraten, damit sie eine Kruste bekommen. Durch das Dämpfen sollen sie nachher die Zartheit erhalten, die die chinesische Küche so schätzt. Sollten Sie diese Methode einmal in Ihrer Küche versuchen, dann werden auch Sie begeistert sein. Mit ein paar Gewürzen läßt sich die Flüssigkeit aromatisieren, und der Dampf überträgt dieses Aroma voll auf das Gargut.

Roh marinieren
Vielleicht ist diese Zubereitungsart für den westlichen Gaumen etwas exotisch. Doch auch die großen Köche Europas haben diese Methode vor langer Zeit entdeckt. Hierbei werden kleingeschnittene Produkte, wie Fleisch oder Fisch, in Alkohol mariniert. Außerdem wird mit Sojasauce, Knoblauch, Öl und anderen Gewürzen abgeschmeckt. Man läßt diese Mischung dann mindestens eine Nacht ziehen und serviert die rohen Produkte.

Das langsame Garziehen
Dabei werden die Produkte in nicht kochender Flüssigkeit ganz langsam gargezogen. Lebensmittel, die sehr schnell gar sind, werden einfach mit kochend heißer Flüssigkeit übergossen und anschließend sofort serviert. Bei diesem Verfahren werden nur die Poren geschlossen, und dünn geschnittenes Gemüse z. B. bleibt knackig und bißfest.

Räuchern
Diese Methode hat im üblichen Sinn mit dem Räuchern in der europäischen Küche wenig zu tun. Man setzt das Gargut auf einem Gitter in einen Topf. Auf den Topfboden wird brauner Zucker gestreut. Anschließend wird der Topf fest verschlossen, damit der entstehende Rauch voll in das Gargut eindringen kann.

Die wichtigsten Zutaten und Gewürze

In China sind die nachfolgenden Produkte Bestandteil der Küche. Für den Europäer schmecken sie teilweise sehr fremd. Einige der aufgeführten Gewürze und Lebensmittel sind in den Rezepten nicht verwendet worden, doch falls Sie diese Zutaten einmal ergattern können, so schrecken Sie nicht davor zurück, sondern greifen Sie zu. An Ihrer Phantasie liegt es dann, diese Köstlichkeiten in die beschriebenen Rezepte einzubauen. Sie sind eine besondere Abwechslung und eine erstklassige Ergänzung, für die sich jeder Feinschmecker bedanken wird.

Abalonen
Diese Tiefseeschnecken gelten auch in China als besondere Delikatesse. Frische Abalonen bekommt man in Europa nur sehr schwer, und dann kosten sie ein Vermögen. Der Handel bietet vereinzelt Abalonen in Dosen an, eher bekommt man dann schon die getrockneten, die fast unbegrenzt haltbar sind. Die getrockneten Abalonen zuerst über Nacht in Wasser einweichen und anschließend nur kurz mitkochen, sonst werden sie leicht zäh.

Algen
Auf dem Markt sind verschiedene Arten von Algen; ob Seealgen, Algenhaar oder Seetang, sie werden meist getrocknet angeboten. Algen werden als Gemüse oder als Einlage für Suppen und Saucen verwendet. Dabei müssen Sie beachten, daß sie zuerst eingeweicht werden müssen.

Getrocknete Pilze
Auch hier in Deutschland sind die getrockneten chinesischen Pilze mittlerweile sehr beliebt. Es gibt verschiedene Arten, die bekanntesten aber dürften die Wolkenohrpilze sein. Diese Pilze werden auch als chinesische Morcheln bezeichnet, die mit den europäischen nichts zu tun haben. Eine andere Art sind die Strohpilze oder die chinesischen Champignons (Tongu-Pilze).

Getrockneter Fisch
Ob Tintenfisch, andere Fische oder Krabben, diese Zutaten sind begehrt in der Küche Chinas. Getrocknete Fische geben den Gerichten einen intensiveren Geschmack, und für den westlichen Gaumen werden die Gerichte dadurch noch exotischer, als sie es ohnehin schon sind.

Gewürzmischungen
Gewürzmischungen gibt es in verschiedenen Arten und Zusammenstellungen. Hauptzutaten sind Nelken, Zimt, Sternanis, Koriander, Kümmel, Ingwer oder Kurkuma, Pfeffer, Mandarinenschalen, Fenchel- und Sesamsamen. Im Gewürzregal Ihres Chinaladens entdecken Sie bestimmt die Mischung, die Ihnen am besten zusagt. Noch einfacher ist es natürlich, wenn Sie sich Ihre eigene Gewürzmischung zusammenstellen.

Glasnudeln
Diese Nudeln sind in der chinesischen Küche sehr beliebt; sie werden aus Bohnen- oder Reismehl hergestellt. Es gibt zwei Möglichkeiten, diese Nudeln zu garen. In schwimmendem, heißem Öl werden sie knusprig, in Wasser eingeweicht und leicht gekocht, werden sie für Suppen und Saucen verwendet.

Glutamat oder Vet Sin
Dieses weiße Pulver ist in der chinesischen Küche ein Geschmacksverstärker, der den Eigengeschmack der einzelnen Zutaten heben soll. Glutamat wird aber sehr sparsam verwendet, denn zuviel des Guten ist für die feinen Speisen nicht angebracht.

Haifischflossen
Bei uns bekannt und schon seit langem eine Delikatesse ist die Haifischflossensuppe. Doch dies ist nicht die Delikatesse, die die Chinesen so schätzen. Es sind vielmehr die getrockneten Knorpel der oberen Haifischflosse, die in der chinesischen Küche verwendet werden. Die Zubereitung ist sehr zeitraubend, doch einen Versuch sind sie allemal wert.

Lotos
Vom Lotos werden verschiedene Produkte verwendet. Die Wurzeln, die Blätter und die Samen kommen meist nur in getrockneter Form auf den Markt. Lotos kann für alle Gemüsesorten und Fleischsorten verwendet werden.

Lilienknospen
Meist werden diese Knospen einer besonderen Lilienart getrocknet. Nachdem die eingeweichten Blütenknospen in die Speisen gegeben werden, entfalten sie einen feinen Geschmack. Sie werden nur in geringen Mengen verwendet.

Sternanis
Dieses Gewürz stammt von einem immergrünen Baum und hat die Form eines kleinen Sternes. Es ist sehr intensiv im Geschmack und wird vor allen Dingen zum Backen verwendet. Geschroteten oder gemahlenen Sternanis gibt in der chinesischen Küche besonders Fleischgerichten und Gemüse eine ausgefallene Note. Als Grundlage für Essenzen, Liköre und andere alkoholische Getränke eignet er sich ebenso.

Szetschuanpfeffer
Dieser Pfeffer wird aus einer roten Beere gewonnen, die ein sehr scharfes Aroma hat. Getrockneter Szetschuanpfeffer sollte zuerst in einer Pfanne leicht geröstet werden, damit er sein Aroma auch voll entfalten kann. Die gerösteten Beeren können Sie dann in die Pfeffermühle und je nach Geschmack frisch gemahlen in die Speisen geben.

Die Gemüse, wichtiger Bestandteil der chinesischen Küche

Fast vollkommen ist die Kunst des Gemüsekochens in China. Nicht nur durch eine religiöse Einstellung bedingt, blickt die Gemüseküche auf eine lange Tradition zurück. Lange bevor die moderne Küche ein neues Ernährungsbewußtsein proklamierte, waren in der chinesischen Küche frische und knackige Gemüse unabdingbare Bestandteile einer Mahlzeit. Deshalb ist es auch nicht verwunderlich, daß gerade Gemüse bei fast allen Gerichten mitgekocht, mitgebraten oder untergehoben werden. Eine sorgfältige Behandlung ist dabei der wichtigste Grundsatz, der Garpunkt wird genau abgepaßt; im Rohzustand wird Gemüse fast gar nicht verarbeitet. Salate kennt die chinesische Küche kaum, wohl aber kalte Gemüsegerichte, die dann ähnlich den europäischen Salaten serviert werden. Fast alle Gemüsesorten, die auf dem europäischen Markt angeboten werden, gibt es auch in der chinesischen Küche. Besonders Paprikaschoten, Karotten, Brokkoli, Rosenkohl, Blumenkohl oder Spargel, um nur einige zu nennen, schätzt der chinesische Koch genauso wie sein Kollege im Westen. Trotzdem stellen wir Ihnen hier einige Sorten vor, die hierzulande nicht allzuoft verwendet werden.

Bambussprossen
Es handelt sich um die ganz frischen Schößlinge der Bambuspflanze, die zweimal jährlich geerntet werden. In China sind frische Bambussprossen das ganze Jahr über auf dem Markt, bei uns werden sie meist in Dosen angeboten. Bambussprossen werden gewürfelt, in feine Scheiben oder in Streifen geschnitten und als Zugabe zu Fleisch-, Fisch- und Geflügelgerichten geschätzt.

Frühlingszwiebeln
Diese Zwiebeln sind auch in der westlichen Küche sehr bekannt und beliebt. In der Küche Chinas spielen sie eine fast ebenso große Rolle wie die Sojaprodukte. Auf unserem Markt werden Frühlingszwiebeln in kleinen Bunden zu je 4 bis 6 Stück angeboten. Beachten Sie, daß auch das Grüne gegessen werden kann und nicht nur der weiße untere Teil.

Ingwer
Auch Ingwer wird in der Küche Chinas zum Gemüse gezählt, allerdings wird dafür nur der junge, frische Ingwer verwendet. Der ältere wird feingerieben als Gewürz in die Gerichte gegeben. Er wird sehr vorsichtig verwendet, da er einen intensiven Geschmack hat und sehr scharf ist.

Kohl
Nicht nur Chinakohl, sondern auch Wirsing, Blumenkohl, Weißkohl und Rotkohl gehören dazu. In sehr raffinierten Variationen werden diese Gemüsesorten zubereitet und teilweise sogar als Hauptbestandteil für eigenständige Gerichte verwendet.

Paprika und Chili
In der Familie der Paprikagewächse gibt es zwei verschiedene Richtungen: die kleinen, sehr scharfen Schoten, die unter dem Namen Peperoni oder Chili bekannt sind, und die Gemüsepaprikas. Beide Arten sind in der chinesischen Küche beliebt, und in vielen Gerichten werden sie beide verwendet, die einen zum Schärfen und die anderen eben als Gemüse.

Sojabohnen
Die Sojabohne ist das Gemüse der Chinesen. Ob Sojabohnenkeimlinge, Sojaöl, Sojasauce, Sojamehl oder Sojabohnen (diese Aufzählung läßt sich beliebig fortsetzen), kaum ein Gericht wird ohne ein aus dieser Pflanze hergestelltes Produkt zubereitet. Außerdem haben Wissenschaftler schon lange den Wert der Sojabohne erkannt. Sie enthält einen sehr hohen, fleischähnlichen Eiweißgehalt, zu etwa einem Drittel Kohlehydrate sowie Mineralstoffe und Vitamine (sehr wichtig).

Staudensellerie
Der Staudensellerie, auch Stangen- oder Bleichsellerie genannt, ist auch in der europäischen Küche schon lange ein beliebtes Gemüse. Er ist mit dem Knollensellerie verwandt, bildet aber keine Knolle aus; es werden nur die Stangen gegessen, die, wie schon der Name sagt, gebleicht sind. Da er sehr zart ist, wird er sehr fein geschnitten und dann nur kurzen Garzeiten ausgesetzt.

Zuckererbsen
Diese Erbsensorte wird sofort nach dem Ernten verarbeitet. Die Erbsen werden mit den Schoten gegart und sind eine Delikatesse. Auf dem europäischen Markt werden sie meistens im Frühjahr angeboten und dann sehr schnell von den Feinschmeckern aufgekauft.

Exotische Früchte, eine besondere Delikatesse aus dem Fernen Osten

Schon seit einiger Zeit findet man im deutschen Gemüse- und Früchteangebot immer mehr Exotisches. Die wenigsten unter uns wissen dann, um welche Früchte es sich eigentlich handelt. Eines steht jedoch auf alle Fälle fest, diese Früchte schmecken alle, und es ist eine Bereicherung für jedes Menü, wenn sie verarbeitet werden. Gerade in der chinesischen Küche sind sehr viele dieser Exoten zu Hause. Einige, wie z. B. die Kiwi, die Melonen, Mandarinen und Orangen, sind Ihnen sicher bekannt, doch Hand aufs Herz, wissen Sie auf Anhieb, was Kumquats, Cherimoya, Lychees oder Kakis sind? Wir wollen hier keine Lehrstunde für exotische Früchte geben, doch einige, die sich besonders für Ihre chinesische Menütafel eignen, wollen wir hier kurz beschreiben. Einige dieser Früchte bekommen Sie schon das ganze Jahr über, die eigentliche Hauptsaison für die meisten dieser Obstsorten sind aber die Monate Dezember bis Februar.

Cherimoya
Diese herzförmige Frucht fällt durch ihre großen Schuppen auf, die Farbe reicht von hellgrün bis braun. Cherimoyas haben sehr viele dunkelbraune Kerne. Der Geschmack erinnert an Birnen oder Mangofrüchte.

Granatapfel
Diese Frucht sieht fast aus wie ein eckiger, roter Apfel. Die Schale ist sehr hart. Wenn Sie die Frucht essen wollen, müssen Sie sie zuerst unter leichtem Druck hin- und herrollen und halbieren; dann können Sie sie mit einem Teelöffel auslöffeln. Sie können die Kerne mitessen oder die Frucht einfach auspressen. Der Granatapfel zählt zu den geschmacklich besten Früchten der Welt. Als Zutat für Desserts und Mixgetränke hat er sich einen Stammplatz erobert.

Kaki
Diese Frucht hat eine glatte, glänzende Schale und sieht fast so aus wie eine gelbliche Tomate. Das Fruchtfleisch ist weich, schmeckt süß und hat ein leichtes Vanillearoma. Manchmal erinnert die Kaki an Quitten, ein anderes Mal schmeckt man mehr Aprikosen oder Birnen heraus. Bei dieser Frucht sollten Sie keine allzustarken Aromazutaten verwenden, sonst wird eben dieser köstliche Eigengeschmack zerstört.

Kiwi
Die Urheimat der Kiwifrucht ist China. Heute noch wird sie als chinesische Stachelbeere bezeichnet, was aufgrund ihres Geschmacks gar nicht einmal so falsch ist. Eine Mischung aus Melone, Stachelbeere und Erdbeere ist die Grundlage für ihr ausgeprägtes Aroma. Die Frucht selbst ist eigroß, das Fleisch ist grün, die Schale bräunlich mit feinen Härchen. Die einfachste Art, diese Frucht zu essen: halbieren und mit einem Teelöffel auslöffeln.

Kumquats
Diese Früchte sehen aus wie sehr kleine Orangen. Es sind Zitrusfrüchte, die wegen ihres süßen und sehr herben Geschmacks geschätzt werden. Verwendet werden sie besonders für Fisch- und Rindfleischgerichte. Man schneidet sie meist mit der dünnen Schale in Scheiben. Auch die Kumquats stammen aus China.

Lychees
Sie sind walnußgroß und haben eine rotbraune, lederartig feste Schale. Der Kern ist etwa eichelgroß, das Fruchtfleisch weißlich. Die Lychees schmecken nach Sauerkirsche. Der Handel bietet die Früchte in Dosen oder frisch an. Frische Lychees bekommen Sie hier im Frühjahr.

Mango
Die birnenförmigen, gelben oder roten Früchte sind ursprünglich in Indien beheimatet. Die Haut ist lederartig, der große Kern ist mit dem Fruchtfleisch fest verwachsen. Zum Verzehr wird die Frucht vorsichtig geschält, mit einem Messer schneidet man das Fruchtfleisch vom Kern.

Papaya
Diese Frucht ist eiförmig und etwa so groß wie eine Mango. Sie hat eine grüne bis gelbgrüne Haut. Zum Verzehr wird die Frucht geschält, halbiert; die vielen dunklen Kerne werden mit einem Teelöffel entfernt. In Scheiben geschnitten, wird sie als Gemüse oder Obst verwendet.

Würzsaucen und Dips bringen Leben in die Küche

Kein auch noch so einfaches Gericht wird in China ohne die berühmten pikanten, würzigen Saucen serviert. Fast jeden Bissen, der zum Mund geführt wird, stippt man vorher in diese Tunken. Teilweise werden diese Saucen selbst gemacht, einen Großteil aber kauft die chinesische Hausfrau als Fertigprodukt in Flaschen oder Dosen. Die wichtigsten dieser Fertigsaucen kann man auch hier erhalten. Gut sortierte Warenhäuser führen Grundsaucen, wie Hoisinsauce, Austernsauce, Krabbensauce, ebenso wie die verschiedenen Pasten (die schwarze oder gelbe Bohnenpaste und die Sesampaste, um nur einige zu nennen). Die bekanntesten Saucen, die für die Chinaküche verwendet werden, sind die Pflaumensauce und natürlich die Sojasauce. Mit all diesen genannten Grundsaucen lassen sich nun viele Abwandlungen herstellen, die Hausfrauen kurz vor dem Menü zubereiten. Auch wir wollen Ihnen einige hausgemachte Saucen vorstellen. Die Dips auf dieser Seite sind mehr für den europäischen Gaumen bestimmt.

Chiliöl
Für das Chiliöl werden getrocknete oder frische Schoten in einer Pfanne mit Öl 5–10 Minuten geröstet. Anschließend wird das Öl durch ein Sieb gefiltert und in Flaschen abgefüllt. Vorsicht, nur tropfenweise verwenden, das Öl ist sehr scharf.

Scharfe Knoblauchsauce
Für diese Sauce werden im Mixer 4 Frühlingszwiebeln und 6 Knoblauchzehen mit ½ Tasse Orangensaft und ½ Tasse Weißwein püriert, anschließend mit Salz, Sojasauce, Zucker und Chiliöl abgeschmeckt.

Süßsaure Knoblauchsauce
5 Knoblauchzehen mit Salz zu einer Paste zerreiben und mit 1 Tasse Aprikosenmarmelade vermischen. Diese Mischung mit 6 EL Essig, 1 Msp. Ingwer, 1 TL Curry und einigen Spritzern Sojasauce abschmecken.

Ingwersauce
4 Ingwernüsse in Sirup sehr fein hacken und mit ½ Tasse Honig vermischen, 2 EL Tomatenmark, 4 EL Essig und 4 cl Sherry unterrühren. Mit Salz, Pfeffer, einigen Tropfen Chiliöl und etwas Sojasauce abschmecken.

Scharfe Senfsauce
4 EL scharfen Senf mit 4 EL Pflaumensauce, 2 EL Tomatenmark und ½ Tasse Sojasauce vermischen. Mit Salz, Pfeffer und einigen Tropfen Chiliöl abschmecken.

Schnittlauchsauce
1 Bund Schnittlauch und 1 Zwiebel mit 1 Tasse Sherry pürieren, mit 2 EL Hoisinsauce, 1 TL Zucker, Salz und Szetschuanpfeffer abschmecken.

Krabbensauce
50 g Krabben und 2 Frühlingszwiebeln mit 2 EL Essig und dem Saft einer Orange pürieren. 2 EL Aprikosenmarmelade, 4 cl Sherry unterrühren, mit Salz, Pfeffer und Sojasauce abschmecken.

Dattel-Ingwer-Sauce
100 g entsteinte Datteln mit 3 in Sirup eingelegten Ingwernüssen, 3 EL Essig und ½ Tasse Weißwein im Mixer pürieren. Mit Ingwerpulver, 2 mit Salz zerriebenen Knoblauchzehen, Chiliöl und etwas Fünf-Gewürze-Pulver abschmecken.

Kräuterdip
1 Zwiebel mit 4 cl Sherry pürieren und mit ½ Becher Crème fraîche vermischen. Je 2 EL Schnittlauch, Petersilie und Zitronenmelisse unterrühren und mit Salz, Pfeffer, einer Prise Zucker und Sojasauce abschmecken.

Sardellendip
1 Zwiebel, 1 Röhrchen Kapern und 8 Sardellenringe mit dem Saft einer Orange pürieren. Mit Salz, Pfeffer und 1 Prise Zucker abschmecken. Mit 1 Becher Joghurt und 2 EL Pflaumensauce vermischen. Vor dem Servieren 4 EL frische Kresse untermischen.

Currydip
2 Scheiben Ananas pürieren, mit 2 EL Essig, 1 Becher saurer Sahne und 2 EL mittelscharfem Senf vermischen. Mit Salz, Pfeffer, Sojasauce, Knoblauchpulver, Ingwerpulver und Curry abschmecken.

Erdnußdip
100 g gesalzene Erdnüsse mit 1 Tasse Weißwein pürieren und mit 1/2 Becher Crème fraîche vermischen. Mit Salz, Szetschuanpfeffer, Sojasauce und einigen Tropfen Chiliöl abschmecken. Vor dem Servieren frisch geschnittenen Schnittlauch unterziehen.

Gemüsedip
1 Karotte, 2 Frühlingszwiebeln und 1 rote Paprikaschote putzen, waschen und in sehr feine Würfel schneiden. Mit 1 Becher saurer Sahne, 4 EL Sojasauce, 2 EL Johannisbeergelee, 2 EL Essig und 4 cl Sherry verrühren, mit Salz, Pfeffer und einigen Tropfen Chiliöl abschmecken.

Schinken-Krabben-Dip
50 g Schinken, 50 g Krabben und 1 kleine Dose Champignons sehr fein hacken. Mit 1/2 Becher Crème fraîche und 1 Becher Joghurt vermischen. Mit Salz, Pfeffer, Hoisinsauce und Zucker abschmecken. Vor dem Servieren 1 Bund Schnittlauch unterrühren.

Weinbrandsauce
1 Becher Crème fraîche mit 2 EL Zitronengelee und 2 EL Essig verrühren. Mit Salz, Pfeffer und Sojasauce abschmecken und mit Weinbrand kräftig aromatisieren.

Feuersauce
1 Paprikaschote und 1 Zwiebel sehr fein würfeln oder hacken, mit 1 Becher Joghurt, 2 EL Tomatenmark und 1/2 Becher Sahne verrühren. Mit Chiliöl, Salz, Szetschuanpfeffer, Sojasauce und einer Prise Zucker abschmecken. Vor dem Servieren frische, gehackte Petersilie unterrühren.

Das Essen mit Stäbchen

Es ist noch kein Meister vom Himmel gefallen, und deshalb ist es auch gerade für ungeübte Hände nötig, diese Methode immer wieder zu üben. Wer die Technik einmal beherrscht, der wird sicher viel Freude an den Stäbchen haben, und es ist eine nette Sache, wenn Sie Ihren Gästen bei einem chinesischen Festmahl auch Stäbchen eindecken. Damit dies aber ein wirklicher Erfolg wird, sollten Sie als Gastgeber oder Gastgeberin mit Stäbchen umgehen und Ihre Gäste in das Geheimnis einweisen können. Aber abgesehen von der Belustigung, die das Essen mit Stäbchen bietet, hat diese Eßmethode eine sehr große Bedeutung in bezug auf gesunde Ernährung. Denn mit Stäbchen wird niemals so schnell gegessen, wie es mit Löffel oder Gabel der Fall ist. Somit wird man ganz automatisch zu langsamerem Essen gezwungen, und jeder Bissen wird besser gekaut. Aber wenn Sie auf die Stäbchen lieber verzichten möchten, ist es kein allzu großer Stilbruch, wenn Sie für Ihr Chinamenü Löffel und Gabel eindecken.

Nun ist der große Augenblick gekommen, Ihren Gästen die Technik des Stäbchenessens zu erklären. Nehmen Sie zwei Stäbchen in die Hand, dann kann es losgehen.

Das erste Stäbchen wird mit dem dickeren Ende in die Falte zwischen Daumen und Zeigefinger gelegt. Festgehalten wird es mit dem kleinen und dem Ringfinger. Der zweite Schritt ist, das zweite Stäbchen mit dem Daumen und dem Zeigefinger festzuhalten, wobei der Mittelfinger der Führfinger ist. Das obere Stäbchen soll frei beweglich sein, damit man die Speisen auch aufnehmen kann. Als Übung hierfür eignen sich Streichholzschachteln oder andere kleine Gegenstände. Achten Sie darauf, daß die Stäbchen immer die gleiche Länge aufweisen. So, und jetzt heißt es: üben, üben, üben…

Der Tee in der chinesischen Küche

Über Getränke in China haben wir uns bis jetzt noch nicht unterhalten. Aber gerade eines der bekanntesten Getränke der Welt kommt aus dieser Ecke: der Tee. In der Zeit der Entdeckungen kam dieses Wundergetränk auch nach Europa. In China ist der Tee aus dem täglichen Leben nicht wegzudenken. Ob er für den Durst getrunken wird oder als Arznei seine Pflicht tut, er ist immer eine Köstlichkeit, die die Chinesen in den höchsten Himmel heben. Schon vor mehr als 1000 Jahren wurden Abhandlungen über den Tee geschrieben. Die Sage schreibt es einem Kaiser zu, den Tee entdeckt zu haben, als er in einem Garten spazierenging und eine Tasse heißes Wasser trank. Dabei fiel ein Blatt von einem Teestrauch in den Becher, und er stellte dabei fest, wie köstlich dieses Getränk schmeckte.

Eines steht jedoch fest, nämlich daß dieses volkstümlichste Getränk der Welt in Ost und West gleichermaßen geschätzt wird. Tee wird in verschiedene Qualitätsstufen eingeteilt. Zu den Spitzenprodukten gehören grüner oder unfermentierter und schwarzer oder fermentierter Tee. Eine geringere Qualitätsstufe, aber nicht minder gut, ist der halbfermentierte Tee. Dann gibt es noch die vielen Sorten der parfümierten, aromatisierten oder geräucherten Tees. Außerdem gibt es eine Einteilung nach der Größe und dem Aussehen des Teeblattes. Dabei wird unterschieden zwischen Flowery Orange Pekoe, Orange Pekoe, Flowery Broken Orange Pekoe, Orange Fannings und Dust (Teestaub), um nur einige zu nennen. Nun noch ein Wort zur Zubereitung. Auch der Teetrinker hat seine eigenen Gesetze, um den Tee richtig zu »brauen«. Pro Tasse rechnet man etwa 1 Teelöffel Blätter. Damit sich das Aroma voll entfalten kann, gibt man etwas sprudelndes Wasser darüber und läßt sie etwa 2 Minuten ziehen. Das restliche heiße Wasser dazugeben, weitere 3 Minuten ziehen lassen und anschließend in eine vorgewärmte Kanne seihen. Von besonderer Wichtigkeit ist auch die Qualität des Wassers. Kalkhaltiges Wasser eignet sich für den Tee nicht, besser verwendet man kohlensäurefreies Mineralwasser. Kenner trinken den Tee ungesüßt, doch es ist kein Fehler, ihn zu süßen. Probieren Sie doch einmal verschiedene Kandisarten aus, sie ist köstlich. Mit einer chinesischen Weisheit möchte ich diesen kleinen Teeexkurs beschließen:
Tee weckt den guten Geist und die weisen Gedanken, er erfrischt und belebt zugleich und beruhigt das Gemüt.

Vorspeisen und Snacks

Eigentlich ist es in der chinesischen Küche nicht unbedingt üblich, diese kleinen Appetithappen als Vorspeise zu servieren. In den Teehäusern oder auf der Straße werden sie den ganzen Tag über angeboten. Bestimmt werden auch Sie diese Schlemmereien zwischen den Mahlzeiten naschen. Ob süß, sauer pikant oder scharf, eine Versuchung sind sie allemal.

Kleinigkeiten in Teig

Diese kantonesische Spezialität wird besonders in Hongkong den ganzen Tag über in kleinen Restaurants oder auf der Straße angeboten. Die Snacks bestehen aus kleinen Klößchen aus Weizen- oder Reismehl, und es gibt weit mehr als hundert verschiedene Variationen. Auf geflochtenen Bambusstäbchen gedämpft, fritiert, gebraten oder in Brühe gekocht, mit verschiedenen Füllungen und phantasievoll geformt, sind die Dim Sum immer eine Versuchung. Wir stellen Ihnen hier drei Grundteige vor, die Sie dann je nach Geschmack füllen können.

Der Hefeteig

Zutaten für 4 Personen

- 1/8 l Wasser
- 1/8 l Milch
- 1 Päckchen Hefe
- 1 EL Zucker
- 1 Prise Salz
- 400 g Weizenmehl
- 1 EL Sesamöl

So wird's gemacht:

1. Das Wasser und die Milch in einen Topf geben und erhitzen; die Flüssigkeit soll lauwarm sein.
2. Vom Feuer nehmen, die Hefe in die Flüssigkeit bröckeln.
3. Den Zucker und das Salz dazugeben.
4. Diesen Ansatz 5 Minuten stehenlassen, damit die Hefe sich entwickeln kann.
5. Anschließend mit dem Mehl und dem Sesamöl zu einem Teig verarbeiten.
6. Zugedeckt an einem warmen Ort etwa 1 Stunde gehen lassen.
7. Den Teig kräftig verkneten und weitere 30 Minuten gehen lassen.
8. Jetzt wird der Teig nochmals geknetet und auf einer bemehlten Arbeitsfläche etwa ½ cm dick ausgerollt.
9. Den Teig nun entsprechend der gewünschten Form zurechtschneiden, füllen und garen.

Der Eiernudelteig

Zutaten für 4 Personen

300 g Weizenmehl
1 Prise Salz
1 Ei
1 Tasse Wasser
1 EL Sesamöl

So wird's gemacht:

1. Das Weizenmehl in eine Schüssel sieben.
2. Leicht salzen und mit dem Ei, dem Wasser und dem Öl zu einem geschmeidigen Teig verarbeiten.
3. Auf einer bemehlten Arbeitsfläche möglichst dünn ausrollen.
4. Den Teig nun entsprechend der gewünschten Form zurechtschneiden, füllen und garen.

Der Nudelteig

Zutaten für 4 Personen

300 g Weizenmehl
1 Prise Salz
1 Tasse Wasser

So wird's gemacht:

1. Das Mehl in eine Schüssel sieben.
2. Mit dem Salz und dem Wasser zu einem Teig verarbeiten.
3. Anschließend den Teig im Kühlschrank 1 Stunde ruhen lassen.
4. Den Teig nochmals durchkneten und zu einer 4 cm dicken Wurst rollen.
5. Mit dem Messer in Scheiben schneiden, dünn ausrollen; je nach Geschmack füllen und garen.

xia rou bao

Teigtaschen mit Krabbenfüllung

Zutaten für 4 Personen

1 Rezept Eiernudelteig
(siehe Seite 25)

Für die Füllung:

1 kg ungekochte Hummerkrabben
4 EL Erdnußöl
2 EL Austernsauce
2 cl Sherry
1 TL Salz
½ TL Glutamat
1 TL Stärkemehl
½ Tasse kalte Hühnerbrühe
250 g Chinakohl

So wird's gemacht:

1. Den Eiernudelteig vorbereiten und in Rechtecke schneiden.
2. Die Hummerkrabben waschen, das Fleisch herauslösen und säubern.
3. Das Krabbenfleisch fein hacken.
4. Das Erdnußöl in einem Topf erhitzen und das Krabbenfleisch darin scharf anbraten.
5. Die Austernsauce und den Sherry dazugeben.
6. Mit dem Salz und dem Glutamat abschmecken.
7. Das Stärkemehl mit der Hühnerbrühe glattrühren und das Krabbenfleisch damit binden.
8. Den geputzen, gewaschenen und sehr klein geschnittenen Chinakohl dazugeben, umrühren, alles vom Feuer nehmen und erkalten lassen.
9. Diese Masse auf die Teigrechtecke verteilen.
10. So zusammenrollen, daß ein 1 cm breiter Rand übrigbleibt.
11. Die Enden der Rolle übereinanderziehen und festdrücken.
12. Über Dampf oder in Brühe garen.

DER TIP

Die Austernsauce wird auch in der chinesischen Küche nicht zu Hause selbst hergestellt. Als Fertigprodukt bekommt man sie in den Chinaläden. Sie besteht aus Austernextrakt, Stärke, Klebreis, Salz, Zucker und verschiedenen anderen Gewürzen. Sie hat einen leicht süßlichen Geschmack und ist bei weitem nicht so intensiv wie die Sojasauce. Verwendet wird sie für Fleisch, Geflügel und Gemüse.

rou bao

Teigtaschen mit Hackfleischfüllung

Zutaten für 4 Personen

1 Rezept Nudelteig (siehe Seite 25)

Für die Füllung:

3 EL Sesamöl
250 g Hackfleisch
2 Frühlingszwiebeln
2 Knoblauchzehen
1 TL Salz
1 EL Sojasauce
½ TL Fünf-Gewürze-Pulver
1 Bund Schnittlauch

So wird's gemacht:

1. Den Nudelteig vorbereiten und Rechtecke ausschneiden.
2. Das Sesamöl in einer Pfanne erhitzen und das Hackfleisch unter ständigem Rühren scharf anbraten.
3. Die geputzten, gewaschenen und in dünne Streifen geschnittenen Frühlingszwiebeln dazugeben und kurz mitschwitzen.
4. Die mit dem Salz fein zerriebenen Knoblauchzehen dazugeben, mit der Sojasauce und dem Fünf-Gewürze-Pulver abschmecken.
5. Vom Feuer nehmen und erkalten lassen.
6. Den feingeschnittenen Schnittlauch unter die Masse arbeiten.
7. Die Hackfleischmasse auf die Teigrechtecke verteilen.
8. Zusammenrollen und die Enden entgegengesetzt zudrehen.
9. Über Dampf garen oder in Fett ausbacken bzw. braten.

jian zao rou bao

Teigtaschen mit Ingwer-Dattel-Füllung

Zutaten für 4 Personen

1 Rezept Hefeteig (siehe Seite 24)

Für die Füllung:

50 g Schweineschmalz
250 g Datteln
100 g in Sirup eingelegte Ingwernüsse
100 g gesalzene Erdnüsse
2 EL Essig
1 Msp. Ingwerpulver
½ TL Curry
1 Prise Salz

So wird's gemacht:

1. Den Hefeteig vorbereiten und Quadrate ausschneiden.
2. Das Schweineschmalz in einem Topf erhitzen, die entsteinten, feingehackten Datteln und die kleingeschnittenen Ingwernüsse darin kurz anschwitzen.
3. In eine Schüssel geben und erkalten lassen.
4. In der Zwischenzeit die Erdnüsse pürieren.
5. Zu den Früchten geben und zu einer Paste verrühren.
6. Mit dem Essig, dem Ingwer, dem Curry und dem Salz abschmecken.
7. Je einen Teelöffel der Füllung auf die Quadrate setzen und diese verschließen.
8. Über Dampf garen oder im schwimmenden Fett ausbacken.

Pfannkuchenrollen

Sicherlich sind Ihnen diese Rollen besser unter dem Namen »Frühlingsrollen« bekannt. Bei dieser Spezialität gibt es ebenso wie für die Teigtaschen verschiedene Teigvariationen und Füllungen. Doch eines haben alle Rollen gemeinsam: Sie werden immer in Fett gebraten oder fritiert. Unterschieden werden die Pfannkuchenrollen, die Eierrollen und die weniger bekannten Frühlingsrollen, die mit Eiernudelteig (siehe Seite 25) hergestellt werden. Es ist fast nicht zu glauben, daß aus einem Gericht armer Leute eine weltweit bekannte Spezialität wurde. Doch vielleicht sind gerade die Einfachheit und die Möglichkeiten der Variation der Füllungen die Grundlage des Erfolges und des Siegeszuges der »Frühlingsrollen«.

chun juan

Pfannkuchenrollen mit Hühnerfleisch und Sojabohnenkeimlingen

Zutaten für 4 Personen:

Für den Teig:

- 200 g Weizenmehl
- 2 Tassen Sojamilch
- 3 Eier
- 1 Prise Salz
- Erdnußöl zum Ausbacken

Für die Füllung:

- 2 Hühnerbrüstchen
- 2 EL Erdnußöl
- 2 Frühlingszwiebeln
- 200 g Sojabohnenkeimlinge
- 50 g eingeweichte chinesische Pilze
- 3 EL Hoisinsauce
- 1 TL Stärkemehl
- 1 Tasse Geflügelbrühe
- 1 Msp. Chilipulver
- ½ TL Salz
- etwas Glutamat

Außerdem:

- 1 Eigelb
- Fett zum Ausbacken

So wird's gemacht:

1. Für den Teig das Weizenmehl, die Sojamilch und die Eier in einer Schüssel gut miteinander verarbeiten, leicht salzen.
2. Das Erdnußöl in einer Pfanne erhitzen.
3. Portionsweise den Teig in die Pfanne geben, Pfannkuchen ausbacken und warm stellen.
4. Anschließend die Hühnerbrüstchen in dünne Streifen schneiden.
5. Das Erdnußöl in einer Pfanne erhitzen und das Fleisch unter ständigem Rühren scharf 1 Minute braten.
6. Die geputzten und in Streifen geschnittenen Frühlingszwiebeln, die abgetropften Sojabohnenkeimlinge und die kleingeschnittenen Pilze dazugeben und eine weitere Minute mitbraten.
7. Die Hoisinsauce unterrühren, das Stärkemehl mit der Geflügelbrühe glattrühren und damit binden.
8. Mit dem Chilipulver, dem Salz und dem Glutamat abschmecken.
9. Die Masse auf die Pfannkuchen verteilen.
10. Zuerst das untere Teigende über die Füllung klappen.
11. Die Seiten von rechts und links darüberschlagen, anschließend die Ränder mit dem Eigelb bestreichen und zusammenrollen.
12. In der Pfanne oder in schwimmendem Fett ausbacken.

xia zhurou danjun

Eierrollen mit Schweinefleisch und Krabben

Zutaten für 4 Personen:

Für den Teig:

200 g Mehl, 4 Eier
etwa 1 Tasse Wasser
1 TL Salz, 1 EL Erdnußöl

Für die Füllung:

250 g mageres Schweinefleisch
3 EL Erdnußöl
250 g Krabben oder Crevetten
1 rote Paprikaschote
2 Frühlingszwiebeln
2 EL Sesampaste
2 EL Sojasauce
½ TL Salz, 1 Prise Glutamat
1 Bund Schnittlauch

Außerdem:

1 Eigelb
Fett zum Ausbacken

So wird's gemacht:

1. Das Mehl, die Eier und das Wasser in einer Schüssel zu einem Teig verrühren.
2. Salzen, das Erdnußöl unterrühren.
3. Den Teig portionsweise in die Pfanne geben, Pfannkuchen ausbacken und warm stellen.
4. Anschließend das Schweinefleisch dünn schneiden.
5. Das Öl in einer Pfanne erhitzen und das Fleisch darin unter ständigem Rühren 1 Minute scharf braten.
6. Die Krabben, das geputzte kleinwürflige Gemüse dazugeben und 1 Minute scharf braten.
7. Die Sesampaste und Sojasauce unterziehen, mit Salz und Glutamat abschmecken, vom Feuer nehmen.
8. Den feingeschnittenen Schnittlauch unterziehen und die Masse abkühlen lassen.
9. Die Masse auf die Pfannkuchen verteilen.
10. Die Ränder mit dem Eigelb bestreichen und die Pfannkuchen wie im vorigen Rezept zusammenrollen.
11. In der Pfanne oder Friteuse ausbacken.

dan chun juan

Eiernudelrollen mit Gemüsefüllung

Zutaten für 4 Personen

1 Rezept Eiernudelteig
(siehe Seite 25)

Für die Füllung

2 EL Sesamöl
200 g gekochter Schinken
1 Bund Frühlingszwiebeln
200 g Sojabohnenkeimlinge
100 g Bambussprossen
3 EL Sojasauce
½ TL Salz, 1 TL Zucker
½ TL gemahlener Kümmel
1 Msp. Anis

So wird's gemacht:

1. Den Teig vorbereiten, größere Rechtecke ausschneiden.
2. Das Öl in einer Pfanne erhitzen und den in dünne Streifen geschnittenen Schinken darin leicht Farbe nehmen lassen.
3. Die geputzten, gewaschenen und in dünne Streifen geschnittenen Frühlingszwiebeln, die Sojabohnenkeimlinge und die in Streifen geschnittenen Bambussprossen zum Schinken geben und kurz mitschwitzen.
4. Die Sojasauce unterrühren, mit den Gewürzen abschmecken.
5. Die Masse vom Feuer nehmen und erkalten lassen.
6. Das Gemüse auf die Teigrechtecke verteilen und diesen zusammenrollen.
7. In der Pfanne oder im schwimmenden Fett ausbacken.

zhen zhu wan

Schweinefleischbällchen im Reismantel

Zutaten für 4 Personen

1 Tasse Rundkornreis	
1 Zwiebel	
500 g mageres Schweinefleisch	
2 Knoblauchzehen	
1 TL Salz	
2 in Sirup eingelegte Ingwernüsse	
1 Bund Petersilie	
1 Ei	
2 EL Stärkemehl	
1 TL Paprika (edelsüß)	
1 TL Curry	
1 Msp. Ingwerpulver	
Salz	
weißer Pfeffer aus der Mühle	
2 cl Sherry	

So wird's gemacht:

1. Den Reis in einer Schüssel mit kaltem Wasser etwa 2 Stunden einweichen, abgießen und mit einem Küchenkrepp trockentupfen.
2. Schweinefleisch fein wiegen oder durch die feine Scheibe des Fleischwolfes drehen.
3. Die Knoblauchzehen mit dem Salz zu einer Paste zerreiben.
4. Mit den fein gehackten Ingwernüssen und der gehackten Petersilie zum Fleisch geben und gut verrühren.
5. Das Ei und das Stärkemehl unter die Masse arbeiten.
6. Mit dem Paprika, dem Curry, dem Ingwer, Salz und Pfeffer abschmecken.
7. Mit dem Sherry aromatisieren.
8. Mit nassen Händen kleine Kugeln formen und diese gleichmäßig im Reis wälzen, so daß die Körner am Fleisch kleben bleiben.
9. Auf den Siebeinsatz in einen Dampftopf legen und etwa 30 Minuten dämpfen.

DER TIP

Das Dämpfen wurde schon mehrfach angesprochen. Doch hier möchte ich Ihnen noch einige spezielle Tips anbieten. Die Dämpfflüssigkeit sollten Sie immer mit einigen intensiven Aromen würzen. In der europäischen Küche eignen sich dafür besonders frische Kräuter, wie Rosmarin, Thymian oder Salbei. Außerdem sollten Sie das Gargut in eine feuerfeste Schüssel legen, damit der beim Dämpfen austretende Saft aufgefangen und mit serviert werden kann.

xiawan

Garnelenkugeln

Zutaten für 4 Personen

400 g Garnelenfleisch
100 g durchwachsenes Schweinefleisch
50 g Brunnenkresse
1 Ei
2 cl Sherry
2 EL Austernsauce
½ TL Salz
1 TL Zucker
½ TL Glutamat
4 EL Stärkemehl

Außerdem:

Fett zum Ausbacken

So wird's gemacht:

1. Die Garnelen, das Schweinefleisch und die Kresse sehr fein hacken oder durch die feine Scheibe des Fleischwolfes drehen.
2. In einer Schüssel mit dem Ei, dem Sherry und der Austernsauce zu einer Masse verarbeiten.
3. Mit dem Salz, dem Zucker und dem Glutamat abschmecken.
4. Mit dem Stärkemehl binden, kleine Röllchen formen und im schwimmenden Fett ausbacken.

xia kao mian bao pian

Crevettentoast

Zutaten für 4 Personen

400 g Krabben oder Crevetten
100 g eingeweichte chinesische Pilze
1 Bund Schnittlauch
1 Ei
2 EL Lotosnußpaste (oder Nußpaste)
2 cl Sherry
½ TL Salz
½ TL Zucker
½ TL Glutamat
4 EL Stärkemehl

Außerdem:

4 dünne Weißbrotscheiben
2 Eier
1 Tasse Paniermehl
Fett zum Ausbacken

So wird's gemacht:

1. Die Krabben und die gut abgetropften Pilze sehr fein hacken oder durch die feine Scheibe des Fleischwolfes drehen.
2. In einer Schüssel mit dem feingeschnittenen Schnittlauch, dem Ei, der Lotosnußpaste und dem Sherry zu einer Masse verarbeiten.
3. Mit dem Salz, dem Zucker und dem Glutamat abschmecken und mit dem Stärkemehl binden.
4. Die Weißbrotscheiben vierteln, und die Masse gleichmäßig darauf verstreichen.
5. Die Eier verschlagen, und die Brotstücke zuerst darin und anschließend in den Semmelbröseln wenden.
6. Im schwimmenden Fett ausbacken und sofort servieren.

chao dan

Buntes Rührei

Zutaten für 4 Personen

250 g mageres Schweinefleisch
3 EL Erdnußöl
1 rote Paprikaschote
1 Bund Frühlingszwiebeln
100 g eingeweichte chinesische Pilze
2 EL Sojasauce
1 TL Zucker
6 Eier
1 TL Salz

Außerdem:

1 kleiner Kopf Römersalat
½ Tasse Obstessig
½ Tasse Erdnußöl
einige Tropfen Chiliöl
2 cl Sherry
Szetschuanpfeffer aus der Mühle

So wird's gemacht:

1. Das Schweinefleisch in dünne Streifen schneiden.
2. Das Erdnußöl in einer Pfanne erhitzen und das Fleisch darin unter ständigem Rühren scharf anbraten.
3. Die geputzte, gewaschene und in Streifen geschnittene Paprikaschote und die Frühlingszwiebeln dazugeben und ebenfalls kurz mitbraten.
4. Die gut abgetropften Pilze kleinschneiden und dazugeben.
5. Die Sojasauce und den Zucker dazugeben und 1 Minute unter ständigem Rühren braten.
6. Die Eier mit dem Salz verschlagen und in der Pfanne stocken lassen; anschließend mit Stäbchen oder einem Kochlöffel zerpflücken.
7. Vom Feuer nehmen und warm stellen.
8. Den Römersalat putzen, waschen und in 2 cm breite Streifen schneiden.
9. Auf einem Teller anrichten.
10. Den Obstessig mit dem Erdnußöl und dem Chiliöl verrühren.
11. Mit dem Sherry aromatisieren und mit etwas Szetschuanpfeffer würzen.
12. Den Salat damit beträufeln.
13. Die Rühreier auf dem Salat verteilen und sofort servieren.

DER TIP

In der chinesischen Küche wird zum Braten hauptsächlich Öl verwendet. Erdnußöl, Sesamöl, Chiliöl oder Maiskeimöl sind die Öle, die in gut sortierten Supermärkten auch hier leicht zu bekommen sind. Für das Fritieren sollten Sie immer geschmacksneutrales hitzeverträgliches Öl verwenden.

xia chao bai cai

Chinakohlsalat mit Garnelen

Zutaten für 4 Personen

1 mittelgroßer Chinakohl
1 Bund Frühlingszwiebeln
1 rote und 1 grüne Paprikaschote
200 g Garnelen ohne Schale
2 in Sirup eingelegte Ingwernüsse
4 EL Sesamöl

Für die Sauce:

½ Tasse Essig
2 Tassen Hühnerbrühe
1 EL Senfpulver
2 EL Stärkemehl
1 Tasse Sahne
1 TL Salz
1 TL Zucker
Szetschuanpfeffer aus der Mühle
2 EL gehacktes Koriandergrün

So wird's gemacht:

1. Den Chinakohl putzen, waschen und der Länge nach in acht Teile schneiden, anschließend quer vierteln.
2. Die Frühlingszwiebeln putzen, waschen und in dünne Streifen schneiden.
3. Die Paprikaschoten putzen, waschen und in dünne Streifen schneiden.
4. Die Garnelen unter fließendem Wasser abwaschen und trockentupfen, die Ingwernüsse fein hacken.
5. Das Öl in einer Pfanne erhitzen und das Gemüse darin bei mittlerer Hitze etwa 3 Minuten glasig schwitzen.
6. Die Garnelen und die Ingwernüsse dazugeben und kurz mitschwitzen.
7. Den Essig, die Hühnerbrühe, das Senfpulver, das Stärkemehl und die Sahne miteinander glattrühren und das Gemüse damit ablöschen.
8. So lange köcheln lassen, bis das Ganze leicht gebunden ist.
9. Mit dem Salz, dem Zucker und Szetschuanpfeffer abschmecken.
10. In Salatschalen füllen und mit dem Koriandergrün bestreut servieren.

chao shu cai

Einfache Gemüsevorspeise

Zutaten für 4 Personen

- 2 Karotten
- 1 Staudensellerie
- 1 Bund Radieschen
- 100 g Bambussprossen
- 4 Tomaten
- 1 Radicchiosalat

Außerdem:

- 4 EL Sesamöl
- 2 Knoblauchzehen
- 1 TL Salz
- 2 in Sirup eingelegte Ingwernüsse
- 4 EL Obstessig
- 3 EL Sojasauce
- 1 Tasse Hühnerbrühe
- einige Tropfen Chiliöl
- 1 EL Glutamat
- 1 Bund Schnittlauch

So wird's gemacht:

1. Die Karotten und den Staudensellerie putzen, waschen und in dünne Streifen schneiden, anschließend in Salzwasser kurz blanchieren.
2. Die Radieschen putzen, waschen und wie die Bambussprossen in dünne Scheiben schneiden.
3. Die Tomaten enthäuten, entkernen und in dünne Streifen schneiden.
4. Den Radicchio putzen, waschen; die Blätter ebenfalls in Streifen schneiden.
5. Die Salatzutaten in eine Schüssel geben und vorsichtig miteinander vermischen.
6. Für das Dressing das Öl in einem Topf erhitzen und die mit dem Salz zerriebenen Knoblauchzehen und die gehackten Ingwernüsse darin anschwitzen.
7. Den Obstessig, die Sojasauce und die Hühnerbrühe unterrühren, mit dem Chiliöl und dem Glutamat würzen.
8. Den Salat mit der heißen Soße anmachen und noch lauwarm, mit dem frisch geschnittenen Schnittlauch bestreut, servieren.

xia cai

Königliche Languste

Zutaten für 4 Personen

2 Langusten

Für den Sud:

2 l Fleischbrühe
¼ l Essig
1 Zwiebel
2 Lorbeerblätter
einige Nelken
2 Stangen Zimt
1 TL Anis

Außerdem:

2 EL Erdnußöl
200 g feines Rinderhack
1 Bund Frühlingszwiebeln
1 rote Paprikaschote
2 EL Austernsauce
2 EL Honig
4 EL Obstessig
1 TL Salz
½ TL Glutamat
einige Tropfen Chiliöl
weißer Pfeffer aus der Mühle

So wird's gemacht:

1. Die küchenfertigen Langusten unter fließendem Wasser abwaschen.
2. Die Fleischbrühe und den Essig mit der geschälten Zwiebel und den Gewürzen in einen Topf geben und zum Kochen bringen.
3. Die Langusten in den Sud geben und bei mittlerer Hitze 15–20 Minuten garen.
4. Die Langusten herausnehmen, halbieren, das Fleisch auslösen und in Scheiben schneiden.
5. Das Erdnußöl in einer Pfanne erhitzen und das Rinderhack darin scharf anbraten.
6. Das Langustenfleisch dazugeben und kurz mitbraten.
7. Die geputzten, gewaschenen und in Würfel geschnittenen Frühlingszwiebeln und die ebenso behandelte Paprikaschote unterrühren und ebenfalls kurz mitbraten.
8. Die Austernsauce, den Honig und den Essig unterrühren, mit dem Salz, dem Glutamat, dem Chiliöl und weißem Pfeffer abschmecken.
9. In den Langustenhälften anrichten und sofort servieren.

DER TIP

Dieses Rezept ist bestimmt nicht billig, aber für besondere Anlässe sollten Sie es sich vormerken. Für die einfachere Reistafel eignen sich auch ausgezeichnet Krabben, Crevetten oder Garnelenschwänze.

la jiang zha xiarou

Gebratene Hummerkrabben mit Pfeffersauce

Zutaten für 4 Personen

24 Hummerkrabben in der Schale
4 EL Erdnußöl
1 Bund Frühlingszwiebeln
2 Knoblauchzehen
1 TL Salz
1 Dose Sojabohnenkeimlinge
2 EL Sojasauce
2 EL Honig
3 EL Essig
1 Tasse Hühnerbrühe
1 zerstoßene, getrocknete Chilischote
1 TL Glutamat
1 TL Stärkemehl
4 cl Reiswein

So wird's gemacht:

1. Die Hummerkrabben unter fließendem Wasser abwaschen und trockentupfen.
2. Das Erdnußöl in einem Topf erhitzen und die Krabben unter ständigem Rühren 4 Minuten braten.
3. Die geputzten, gewaschenen und in Stücke geschnittenen Frühlingszwiebeln dazugeben und kurz mitschwitzen.
4. Die mit Salz zerriebenen Knoblauchzehen und die Sojabohnenkeimlinge dazugeben.
5. Die Sojasauce, den Honig und den Essig unterrühren, mit der Hühnerbrühe auffüllen.
6. Mit der Chilischote und dem Glutamat würzen.
7. Das Stärkemehl mit dem Reiswein glattrühren und die Soße damit binden.
8. Aufkochen lassen und sofort servieren.

DER TIP

Leider ist es nicht ganz einfach, frische Sojabohnenkeimlinge zu bekommen. Doch falls Sie die Möglichkeit haben, greifen Sie zu, denn sie sind mit der Dosenware nicht zu vergleichen.

tang cu pai gu

Marinierte Rippchen

Zutaten für 4 Personen

2 kg Schälrippchen
1 EL Salz
Szetschuanpfeffer aus der Mühle

Für die Marinade:

2 Zwiebeln
2 Knoblauchzehen
1 TL Salz
1 Stück Ingwerwurzel
½ Tasse Honig
4 EL Sojasauce
2 EL Hoisinsauce
4 EL Essig
2 EL Erdnußöl
1 TL Curry
1 TL Paprika (edelsüß)
1 Bund Schnittlauch

So wird's gemacht:

1. Die Schälrippchen vom Metzger in 3–4 cm lange Stücke schneiden bzw. hacken lassen.
2. Unter fließendem Wasser abwaschen, trockentupfen und in eine Schüssel geben.
3. Mit dem Salz und Pfeffer kräftig einreiben.
4. Für die Marinade die Zwiebeln pürieren und die Knoblauchzehen mit dem Salz zu einer Paste zerreiben.
5. Die Ingwerwurzel schälen und fein hacken und zur Knoblauchpaste geben.
6. Alle restlichen Zutaten miteinander verrühren und ebenfalls zur Knoblauchpaste geben; die Rippchen damit begießen.
7. Im Kühlschrank über Nacht ziehen lassen.
8. Anschließend auf ein Backblech legen, im auf 200 Grad vorgeheizten Backofen 15–20 Minuten braten.
9. Während des Garvorgangs öfter mit der Marinade bestreichen.
10. Mit dem frisch geschnittenen Schnittlauch bestreut servieren.

DER TIP

Die Hoisinsoße ist eine Würzsauce, die aus der chinesischen Küche nicht wegzudenken ist. Sie besteht aus Sojabohnen, Sesamöl, Knoblauch, Chili, Salz und Zucker. Sie ist dickflüssig, süß und scharf. Die Hoisinsauce wird zum Kochen oder als Dip verwendet.

Reis und Nudeln

Die chinesische Küche und der Reis sind unzertrennlich. Die Tradition hat gerade ihm eine Vielzahl von Funktionen zugewiesen, doch in erster Linie soll er die verschiedenen Geschmacksrichtungen der aufgetragenen Gerichte neutralisieren, damit auch jedes Gewürz oder jede Zutat mit dem Gaumen erschmeckt werden kann. Etwas anderes ist es bei den Nudeln, die als Zutat verstanden werden und in den verschiedensten Mischungen mit Fleisch, Fisch, Geflügel oder Gemüse auf dem Speiseplan stehen.

Reis

Der Reis ist das tägliche Brot Chinas. Er ist das wichtigste Grundnahrungsmittel für arm und reich. Man kennt hauptsächlich drei Arten der Zubereitung: das Dämpfen, das Kochen und das Braten, wobei beim gebratenen Reis das Kochen vorangeht. Ob zum Frühstück der flüssigere Reisbrei oder als Abendimbiß der dickere Reisbrei mit verschiedenen kleinen Beilagen serviert wird, Reis ist bei jeder chinesischen Mahlzeit dabei.

tang cu xia fan

Gebratener Reis mit süßsauren Krabben

Zutaten für 4 Personen

2 Karotten
1 Bund Frühlingszwiebeln
4 EL Erdnußöl
200 g Krabben oder Crevetten
2 EL Sojasauce
2 EL Austernsauce
3 EL Obstessig
1 TL Zucker
3 Eier
1 TL Salz
Szetschuanpfeffer aus der Mühle
300 g gekochter Reis
1 Bund Schnittlauch
2 EL Mandelsplitter

So wird's gemacht:

1. Die Karotten und die Frühlingszwiebeln putzen, waschen und in kleine Würfel schneiden.
2. Das Erdnußöl in einer Pfanne erhitzen, das Gemüse und die Krabben dazugeben und rundherum scharf anbraten.
3. Die Sojasauce, die Austernsauce, den Essig und den Zucker unterrühren und so lange köcheln lassen, bis die Flüssigkeit vollständig verdampft ist.
4. Die Eier verschlagen, mit dem Salz und Pfeffer würzen.
5. In die Pfanne geben und stocken lassen, mit Stäbchen oder mit Kochlöffeln zerpflücken.
6. Den Reis dazugeben und unter ständigem Rühren erhitzen.
7. Mit dem frisch geschnittenen Schnittlauch und den Mandelsplittern bestreut sofort servieren.

zheng huo tui fan

Gedämpfter Schinkenreis

Zutaten für 4 Personen

- 200 g Reis
- 3 EL Salz
- 100 g roher Schinken
- 1 Bund Frühlingszwiebeln
- 1 rote Paprikaschote
- 3 EL Erdnußöl
- 100 g grüne Erbsen (TK-Produkt)

Außerdem:

- 1 Bund Schnittlauch
- 4 EL Austernsauce

So wird's gemacht:

1. Den Reis zuerst in Salzwasser 5 Minuten kochen und anschließend abgießen.

2. In der Zwischenzeit den Schinken würfeln.

3. Die Frühlingszwiebeln und die Paprikaschote putzen, waschen und ebenfalls in kleine Würfel schneiden.

4. Das Erdnußöl in einer Pfanne erhitzen und den Schinken und das Gemüse darin kurz anschwitzen.

5. Das Gemüse, die Erbsen und den Reis miteinander vermischen und in feuerfeste Förmchen geben.

6. Mit soviel leicht gesalzenem heißen Wasser angießen, daß der Reis knapp bedeckt ist. Die Schälchen müssen groß genug sein, da sich die Reismenge etwa noch verdoppelt.

7. Die Schälchen in einen Dampfkorb bzw. Topf stellen und etwa 1 Stunde darin garen.

8. Mit dem frisch geschnittenen Schnittlauch bestreuen, mit je 1 Eßlöffel Austernsauce überziehen und sofort servieren.

cai chao fan

Gekochter Gemüsereis

Zutaten für 4 Personen

200 g Staudensellerie
1 Bund Frühlingszwiebeln
1 Zucchini
1 rote Paprikaschote
2 Karotten
2 EL Erdnußöl
1 TL Salz
200 g Reis
etwa 1½ l Geflügelbrühe
1 Msp. gemahlener Anis
2 EL gehacktes Koriandergrün

So wird's gemacht:

1. Das Gemüse entsprechend putzen, waschen und in kleine Würfel schneiden.
2. Das Erdnußöl in einem Topf erhitzen und das Gemüse darin glasig schwitzen.
3. Das Gemüse salzen, den Reis dazugeben, mit etwa ¾ l Geflügelbrühe aufgießen.
4. Den Reis zum Kochen bringen, die Temperatur zurückschalten und zugedeckt etwa 8 Minuten köcheln lassen.
5. Erneut den Reis mit soviel kochener Brühe aufgießen, daß er knapp bedeckt ist.
6. Den Anis dazugeben, weitere 5 Minuten im geschlossenen Topf köcheln lassen.
7. Die Herdplatte ausschalten und den Reis 8 Minuten ziehen lassen.
8. Mit dem gehackten Koriandergrün bestreut sofort servieren.

Nudeln

Weitaus größer sind die Variationen der chinesischen Nudelküche im Vergleich zur italienischen. Neben dem Reis sind die Nudeln in China ein Hauptnahrungsmittel; und so ist es nicht verwunderlich, wenn durch viele Varianten der Nudelliebhaber überzeugt wird. Unterteilt werden in der chinesischen Küche folgende Sorten: die Glasnudeln, die Eiernudeln, die Reismehlnudeln und die Weizenmehlnudeln. Nudeln werden ähnlich dem Reis vor der Weiterverarbeitung gekocht oder gedämpft. Wenn Sie die Möglichkeit haben, die Nudel zu dämpfen, sollten Sie diese Garmethode dem Kochen vorziehen, denn das Aroma gedämpfter Nudeln ist besser und intensiver.

rou chao mian

Gebratene Nudeln mit Schweinefleisch und Bohnen

Zutaten für 4 Personen

- 50 g eingeweichte chinesische Pilze
- 50 g eingeweichte Lilienknospen
- 1 Bund Frühlingszwiebeln
- 1 rote Paprikaschote
- 250 g grüne Bohnen
- 250 g durchwachsenes Schweinefleisch
- 4 EL Erdnußöl
- 1 Tasse Geflügelbrühe
- 2 EL Sojasauce
- 2 EL Hoisinsauce
- 1 TL Glutamat
- 1 EL Stärkemehl
- 1 EL Salz
- Szetschuanpfeffer aus der Mühle
- 2 EL Erdnußöl
- 300 g gekochte Eiernudeln
- 4 cl Reiswein

So wird's gemacht:

1. Die Pilze und die Lilienknospen gut abtropfen lassen und in dünne Streifen schneiden.
2. Die Frühlingszwiebeln putzen, waschen und in 3 cm lange Stücke schneiden.
3. Die Paprikaschote halbieren, entkernen, waschen und in Streifen schneiden.
4. Die Bohnen putzen und waschen, wenn nötig kleinschneiden.
5. Das Schweinefleisch in hauchdünne Streifen schneiden.
6. Das Erdnußöl in einer großen Pfanne erhitzen, Schweinefleisch, Lilienknospen und Pilze dazugeben und etwa 3 Minuten scharf unter ständigem Rühren rösten.
7. Die Frühlingszwiebeln und die Paprikaschoten dazugeben und 2 Minuten mitbraten.
8. Die Bohnen dazugeben, aber nur kurz mitschwitzen.
9. Die Geflügelbrühe mit der Sojasauce, der Hoisinsauce, dem Glutamat, dem Stärkemehl und dem Salz verrühren.
10. Das Fleisch und das Gemüse damit ablöschen und binden, mit Szetschuanpfeffer würzen.
11. Die Zutaten aus der Pfanne nehmen und warm stellen.
12. Das Erdnußöl in die Pfanne geben und erhitzen, die Eiernudeln dazugeben und bei mittlerer Hitze 2–3 Minuten braten.
13. Die Hälfte der Fleischmischung unter die Nudeln rühren, herausnehmen und anrichten.
14. Die restliche Fleischmischung in die Pfanne geben, mit dem Reiswein aromatisieren, nochmals erhitzen, über die Nudeln verteilen und sofort servieren.

rou jiang mian

Weizenmehlnudeln mit einfacher Fleischsauce

Zutaten für 4 Personen

50 g eingeweichte chinesische Pilze
1 Zwiebel
1 Karotte
1 kleine Stange Lauch
4 EL Pflanzenöl
250 g Schweinehack
½ TL gehackte Ingwerwurzel
3 EL Hoisinsauce
2 EL Sojasauce
1 Tasse Geflügelbrühe
1 EL Stärkemehl
1 TL Glutamat
1 TL Salz
einige Tropfen Chiliöl
400 g gekochte Weizenmehlnudeln
1 Bund Schnittlauch

So wird's gemacht:

1. Die eingeweichten Pilze gut abtropfen lassen und fein schneiden.
2. Das Gemüse entsprechend putzen, waschen und in kleine Würfel schneiden.
3. Das Öl in einer Pfanne erhitzen und das Schweinehack darin unter ständigem Rühren scharf anbraten.
4. Die Pilze und das Gemüse dazugeben und kurz mitschwitzen.
5. Die Ingwerwurzel, die Hoisinsauce und die Sojasauce unterrühren.
6. Die Geflügelbrühe mit dem Stärkemehl und dem Glutamat verrühren und das Fleisch damit binden.
7. Mit dem Salz und dem Chiliöl abschmecken.
8. Die Weizenmehlnudeln dazugeben und 2 Minuten mitkochen.
9. Mit dem frisch geschnittenen Schnittlauch bestreut sofort servieren.

fensi chao niurou

Gebratene Glasnudeln mit Rindfleisch und Shrimps

Zutaten für 4 Personen

Für das Rindfleisch:

3 EL Erdnußöl
200 g Rinderlende
1 TL gehackter Ingwer
1 Bund Frühlingszwiebeln
100 g Sojabohnenkeimlinge
3 EL Sojasauce
1 TL Zucker
einige Tropfen Chiliöl
½ TL Salz

Für die Shrimps:

2 EL Sesamöl
1 Karotte
1 Zwiebel
200 g Shrimps oder Crevetten
1 TL geriebene Mandarinenschale
2 EL Honig
Saft einer Mandarine
2 EL Essig
1 TL Salz
1 TL Glutamat

Außerdem:

100 g Glasnudeln
Öl zum Ausbacken
2 EL Sojasauce

So wird's gemacht:

1. Das Erdnußöl in einer Pfanne erhitzen und die in dünne Streifen geschnittene Rinderlende unter ständigem Rühren scharf anbraten.
2. Den gehackten Ingwer, die geputzten und in Streifen geschnittenen Frühlingszwiebeln und die Sojabohnenkeimlinge dazugeben und kurz mitbraten.
3. Mit der Sojasauce, dem Zucker und dem Chiliöl würzen, mit dem Salz abschmecken.
4. Aus der Pfanne nehmen und warm stellen.
5. Das Sesamöl in der Pfanne erhitzen und die in dünne Streifen geschnittene Karotte und die Zwiebel darin kurz anschwitzen.
6. Die Shrimps dazugeben und kurz mitschwitzen.
7. Mit der Mandarinenschale, dem Honig, dem Mandarinensaft und dem Essig würzen.
8. Mit dem Salz und dem Glutamat abschmecken, herausnehmen und warm stellen.
9. Die Glasnudeln in dem Öl kurz ausbacken und mit der Sojasauce beträufeln.
10. Jeweils die Hälfte des Rindfleisches und der Shrimps mit den Nudeln mischen und anrichten. Die andere Hälfte getrennt über die Nudeln verteilen und sofort servieren.

Fleisch

Wenn in China von Fleisch die Rede ist, so ist meist Schweinefleisch damit gemeint. Es steht an erster Stelle der Beliebtheitsskala, gefolgt von Rind-, Schaf- und Wildfleisch. Im Gegensatz zur europäischen Küche wird das fettere Fleisch vorgezogen. Durch besondere Zubereitungsarten werden das Fett und die Schwarte zu einem Gelee verkocht, das jeden chinesischen Feinschmecker in Verzückung versetzt.

cai chao hong shao rou

Rotgekochte Schweinshaxe mit Gemüse

Zutaten für 4 Personen

1 mittelgroße Schweinshaxe
1 EL Salz
1 EL Zucker
1 TL gemahlener Anis
½ Tasse Sojasauce
½ Tasse Sherry oder Reiswein
1 Tasse Fleischbrühe

Für das Gemüse:

1 Zwiebel
1 Bund Frühlingszwiebeln
2 Karotten
2 EL Erdnußöl
1 in Sirup eingelegte Ingwernuß
2 EL Essig
1 EL Honig
2 EL Hoisinsauce
½ TL Salz
Szetschuanpfeffer aus der Mühle
1 TL Glutamat

So wird's gemacht:

1. Einen großen Topf mit Salzwasser erhitzen und die Haxe darin 10 Minuten kochen, herausnehmen und trockentupfen.
2. Mit dem Salz, dem Zucker und dem Anis gleichmäßig einreiben und in einen Schmortopf legen.
3. Mit der Sojasauce und dem Sherry beträufeln und die Fleischbrühe angießen.
4. In den auf 180 Grad vorgeheizten Backofen schieben und zugedeckt etwa 2 Stunden darin schmoren.
5. Öfter wenden und mit der Sauce bestreichen.
6. Die Haxe anschließend herausnehmen, in Scheiben oder in Würfel schneiden, mit der Sauce überziehen und warm stellen.
7. Für das Gemüse die Zwiebel, die Frühlingszwiebeln und die Karotten putzen, waschen und in dünne Streifen schneiden.
8. Das Erdnußöl in einer Pfanne erhitzen und das Gemüse darin unter ständigem Rühren 5 Minuten braten.
9. Die feingehackte Ingwernuß, den Essig, den Honig und die Hoisinsauce unterrühren.
10. Mit dem Salz, Szetschuanpfeffer und dem Glutamat abschmecken.
11. Das Fleisch damit garnieren und sofort servieren.

kao zhu rou

Gegrillte Schweinefleischstreifen

Zutaten für 4 Personen

1 kg mageres Schweinefleisch ohne Knochen (aus der Keule)
1 EL Salz
Szetschuanpfeffer aus der Mühle
½ TL Fünf-Gewürze-Pulver

Für die Marinade:

3 EL Erdnußöl
2 EL Honig
2 EL Pflaumensauce
3 EL Sojasauce
2 EL Reiswein
½ TL Glutamat

So wird's gemacht:

1. Das Fleisch zuerst mit der Faser in Scheiben schneiden; diese Scheiben wiederum mit der Faser in 3 cm breite Streifen schneiden.
2. Diese Streifen mit dem Salz, Pfeffer und dem Gewürzpulver einreiben.
3. Die Zutaten für die Marinade miteinander verrühren.
4. Das Fleisch in eine Schüssel geben, mit der Marinade übergießen und mindestens 2 Stunden ziehen lassen.
5. Im Grill oder im auf 220 Grad vorgeheizten Backofen 15–20 Minuten garen, öfter mit der Marinade bestreichen.
6. Fertige Fleischstreifen herausnehmen, in kleine Stücke schneiden und sofort servieren.

zhu rou buding

Schweinefleischpudding

Zutaten für 4 Personen

1 kg durchwachsener Schweinebauch
1 EL Salz
Szetschuanpfeffer aus der Mühle
2 EL Sojasauce
4 EL Sesamöl
1 Glas Mixed Pickles
3 EL Mango-Chutney
einige Tropfen Chilisauce
2 EL Sojasauce
1 Tasse Geflügelbrühe
½ TL Zucker
½ TL Glutamat
1 Bund Schnittlauch

So wird's gemacht:

1. Den Schweinebauch 10–15 Minuten in sprudelnd kochendem Wasser kochen, herausnehmen, trockentupfen.
2. Mit dem Salz und Pfeffer kräftig würzen und mit der Sojasauce beträufeln.
3. Das Sesamöl in einem Bräter erhitzen und das Fleisch darin rundherum Farbe nehmen lassen.
4. Herausnehmen, erkalten lassen und in grobe Würfel schneiden.
5. Mit der Schwarte nach unten in 4 feuerfeste Schälchen schichten.
6. Die Mixed Pickles grob hacken und in einen Topf geben.
7. Den Mango-Chutney, die Chilisauce, die Sojasauce und die Geflügelbrühe dazugeben und kurz aufkochen.
8. Mit dem Zucker und dem Glutamat abschmecken.
9. Das Fleisch gleichmäßig damit überdecken und die Schälchen in einen Dampfkorb bzw. Topf stellen.
10. Zugedeckt etwa 85 Minuten garen.
11. Die Schälchen auf einen Teller stürzen, mit verschiedenen Saucen und trockenem Reis servieren.

zhen zhu pai

Schweinefleischstreifen aus der Pfanne

Zutaten für 4 Personen

600 g Schweinefilet
1 TL Salz
½ TL Curry
½ TL Paprikapulver
1 Msp. Ingwer
½ TL gemahlener Kümmel
1 Ei
1 EL Stärkemehl
4 EL Erdnußöl
1 Bund Frühlingszwiebeln
100 g Staudensellerie
1 Bund Radieschen
4 EL Sojasauce
1 EL Tomatenmark
4 cl Sherry
½ TL Glutamat

So wird's gemacht:

1. Das gutgekühlte Schweinefilet in dünne Scheiben oder Streifen schneiden.
2. Jede Scheibe mit Salz, Curry, Paprika, Ingwer und gemahlenem Kümmel gut einreiben.
3. Das Eiweiß verschlagen, über das Fleisch geben und mit dem Stärkemehl bestäuben.
4. Das Erdnußöl in einer Pfanne erhitzen und das Fleisch darin rundherum Farbe nehmen lassen.
5. Das Gemüse putzen, waschen und in dünne Streifen oder Stifte schneiden.
6. Zum Fleisch geben und 5 Minuten mitbraten.
7. Die Sojasauce mit dem Tomatenmark und dem Sherry verrühren und unter das Fleisch rühren.
8. Mit dem Glutamat abschmekken und sofort servieren.

DER TIP

Mit eines der wichtigsten Dinge ist es, das Fleisch richtig zu schneiden. Ob Würfel, Stäbchen, Streifen oder hauchdünne Scheiben, das Schneiden geht wesentlich leichter, wenn das Fleisch leicht angefroren ist.

tian suan rou

Süßsaures Schweinefleisch

Zutaten für 4 Personen

600 g durchwachsener Schweinenacken
1 TL Salz
Szetschuanpfeffer aus der Mühle
1 Ei
1 EL Stärkemehl
Fett zum Ausbacken

Außerdem:

2 EL Erdnußöl
1 Bund Frühlingszwiebeln
1 rote und 1 grüne Paprikaschote
2 Scheiben Ananas
2 EL Tomatenmark
3 EL Sojasauce
3 EL Essig
2 EL süßer Chutney
1 Tasse Orangensaft
1 EL Stärkemehl
Salz
1 TL Glutamat

So wird's gemacht:

1. Das Fleisch in etwa 2 cm große Würfel schneiden, mit dem Salz und Pfeffer kräftig würzen.
2. Das verschlagene Ei unter das Fleisch mischen und mit dem Stärkemehl bestäuben.
3. Im Kühlschrank 1 Stunde ziehen lassen.
4. Das Schweinefleisch in sehr heißem Fett ausbacken, herausnehmen.
5. Das Erdnußöl in einer Pfanne erhitzen und das Schweinefleisch dazugeben.
6. Das geputzte, gewaschene und in Rauten geschnittene Gemüse dazugeben und etwa 3 Minuten unter ständigem Rühren braten.
7. Die kleingeschnittenen Ananasscheiben dazugeben.
8. Das Tomatenmark mit der Sojasauce, dem Essig und dem Chutney verrühren und in die Pfanne geben.
9. Den Orangensaft mit dem Stärkemehl glattrühren und das Ganze damit binden.
10. Mit Salz und dem Glutamat abschmecken und sofort servieren.
11. Wer es etwas kräftiger will, sollte dieses Gericht mit Chiliöl schärfen.

DER TIP

Oft und gerne wird in der chinesischen Küche die Kombination von süß und sauer verwendet. Die Süße wird meist durch die Früchte, wie Ananas, Orangen, Melonen, Papayas, Mangos, Lychees usw. erzeugt. Das Saure, erzielt durch Beigabe von Essig, den verschiedenen Sojaprodukten und den Saucen, bildet dann den kontrastreichen Gegenpart.

qin cai chao rou

Pfannengerührtes Schweinefleisch mit Gemüsen

Zutaten für 4 Personen:

400 g mageres Schweinefleisch
2 Knoblauchzehen
1 TL Salz
Szetschuanpfeffer aus der Mühle
4 EL Pflanzenöl
250 g Blumenkohl
250 g Brokkoli
200 g Chinakohl
2 EL Sojasauce
2 EL Hoisinsauce
1 Tasse Geflügelbrühe
1 EL Stärkemehl
3 EL Essig
1 TL Zucker
1 TL Glutamat
Salz
Pfeffer aus der Mühle
2 cl Reiswein

So wird's gemacht:

1. Das Schweinefleisch in dünne Streifen schneiden.
2. Die Knoblauchzehen mit dem Salz zu einer Paste zerreiben; das Fleisch damit einreiben und anschließend pfeffern.
3. Das Pflanzenöl in einer Pfanne erhitzen und das Fleisch darin 4 Minuten unter ständigem Rühren braten, herausnehmen und warm stellen.
4. Das Gemüse putzen, waschen und je nach Sorte in Röschen zerteilen oder in Scheibchen schneiden.
5. Das Gemüse in das verbliebene Bratfett geben und kurz anschwitzen.
6. Die Sojasauce, die Hoisinsauce und die Geflügelbrühe angießen und alles etwa 5–8 Minuten zugedeckt garen.
7. Das Stärkemehl mit dem Essig glattrühren und das Gemüse damit binden.
8. Mit dem Zucker, dem Glutamat, Salz und Pfeffer abschmecken.
9. Mit dem Reiswein aromatisieren, das Fleisch dazugeben, kurz erhitzen und sofort servieren.

chao zhu yao

Pfannengerührtes Schweinefleisch und Schweinenieren

Zutaten für 4 Personen:

400 g mageres Schweinefleisch
2 Knoblauchzehen
1 TL Salz
einige Tropfen Chiliöl
5 EL Pflanzenöl
200 g Schweinenieren
1 Ei
1 Msp. Ingwerpulver
1 Msp. Korianderpulver

Außerdem:

1 mittelgroßer Eisbergsalat
1 EL Tomatenmark
2 EL Sojasauce
3 EL Essig
1 TL Zucker
1 Tasse Geflügelbrühe
Salz
Szetschuanpfeffer aus der Mühle
½ TL Glutamat

So wird's gemacht:

1. Das Schweinefleisch in dünne Streifen schneiden.
2. Die Knoblauchzehen mit dem Salz zerreiben, das Fleisch damit einreiben und mit dem Chiliöl beträufeln.
3. Das Pflanzenöl in einer Pfanne erhitzen und das Fleisch darin rundherum scharf anbraten, herausnehmen und warm stellen.
4. Die Schweinenieren säubern und kleinschneiden.
5. Das Ei mit dem Ingwerpulver und dem Koriander verschlagen.
6. Die Nieren darin wenden und im verbliebenen Bratfett unter ständigem Rühren 3 Minuten braten, herausnehmen und warm stellen.
7. Den Eissalat putzen, waschen und in mundgerechte Stücke schneiden oder zerpflücken.
8. Das Tomatenmark, die Sojasauce, den Essig, den Zucker und die Geflügelbrühe ins verbliebene Bratfett geben und aufkochen.
9. Den Eissalat dazugeben und kurz erhitzen.
10. Mit Salz, Pfeffer und dem Glutamat abschmecken.
11. Das Schweinefleisch und die Schweinenieren dazugeben, alles gut vermengen und sofort servieren.

gu lao rou

Knusprig ausgebackenes Schweinefleisch mit süßsaurer Sauce

Zutaten für 4 Personen:

600 g Schweinefilet
1 TL Salz
½ TL weißer Pfeffer
1 Msp. Ingwerpulver
1 TL Curry
3 EL Sojasauce
4 cl Reiswein

Für den Teig:

200 g Mehl
etwa 2 Tassen Weißwein
1 TL Salz
¼ TL weißer Pfeffer
1 Eigelb
1 Eiweiß

Außerdem:

Erdnußöl zum Ausbacken

Für die Sauce:

2 EL Erdnußöl
1 Bund Frühlingszwiebeln
1 rote Paprikaschote
2 Knoblauchzehen
1 TL Salz
3 in Sirup eingelegte Ingwernüsse
½ Tasse Essig
2 EL Sojasauce
2 Tassen gebundene Tomatensauce
1 kleine Dose Mandarinenfilets
1 kleine Dose Erbsen
1 Msp. Ingwerpulver
Salz
Pfeffer
1 Prise Zucker
1 TL Glutamat

So wird's gemacht:

1. Das Schweinefilet zuerst in 1 cm dicke Scheiben schneiden, anschließend in Streifen.
2. Das Fleisch in eine Schüssel geben, mit dem Salz, dem Pfeffer, dem Ingwer, dem Curry, der Sojasauce und dem Reiswein würzen und über Nacht marinieren.
3. Vor der Zubereitung das Mehl mit dem Weißwein zu einem glatten Teig rühren.
4. Den Teig salzen, pfeffern und das Eigelb unterrühren.
5. Das steif geschlagene Eiweiß vorsichtig unterheben.
6. Das Erdnußöl in einem Ausbacktopf erhitzen.
7. In der Zwischenzeit das Erdnußöl für die Sauce in einem Woktopf erhitzen.
8. Das geputzte, gewaschene und in dünne Streifen geschnittene Gemüse in den Topf geben und unter ständigem Rühren glasig schwitzen.
9. Die mit Salz zerriebenen Knoblauchzehen dazugeben und kurz mitschwitzen.
10. Die feingehackten Ingwernüsse unterrühren, mit dem Essig und der Sojasauce ablöschen, mit der Tomatensauce auffüllen.
11. Die abgetropften Mandarinenfilets und die Erbsen unter das Gemüse mischen und erwärmen.
12. Mit Salz, Pfeffer, dem Zucker und dem Glutamat abschmecken.
13. Die Schweinefiletstreifen im erhitzten Erdnußöl goldgelb ausbacken.
14. Herausnehmen, kurz abkühlen lassen und ein zweites Mal im Öl nur noch kurz backen.
15. Anschließend das knusprig gebackene Schweinefleisch unter die Sauce mischen und sofort heiß servieren.

zhen zhu rou

Fleischtorte aus dem Dampftopf

Zutaten für 4 Personen

50 g eingeweichte chinesische Pilze
1 Zwiebel
1 rote Paprikaschote
2 Knoblauchzehen
1 TL Salz
500 g Schweinehack
1 Ei
2 EL Sojasauce
2 EL Hoisinsauce
1 EL Tomatenmark
einige Tropfen Chiliöl
Salz
Szetschuanpfeffer aus der Mühle
1–2 EL Stärkemehl
100 g chinesische Würstchen
oder italienische Cabanossi

So wird's gemacht:

1. Die gut abgetropften Pilze kleinschneiden.
2. Die Zwiebel schälen, die Paprikaschote halbieren, entkernen, waschen und beides in sehr kleine Würfel schneiden.
3. Die Knoblauchzehen mit dem Salz zerreiben.
4. Alle Zutaten mit dem Hackfleisch und dem Ei in einer Schüssel zu einer Masse verarbeiten.
5. Mit der Sojasauce, der Hoisinsauce, dem Chiliöl, Salz und Pfeffer abschmecken.
6. Den Fleischteig mit dem Stärkemehl binden.
7. Eine flache, feuerfeste Form mit dem Fleischteig ausstreichen.
8. Die chinesischen Würstchen in Scheiben schneiden und in den Fleischteig drücken.
9. Die Form in den Dampftopf stellen und etwa 45–50 Minuten garen.
10. Die Fleischtorte herausnehmen, in mundgerechte Stücke schneiden und sofort servieren.

zha xia wan

Krabben-Hackfleisch-Bällchen

Zutaten für 4 Personen

500 g durchwachsenes Schweinefleisch
200 g Krabben- oder Krebsfleisch
1 Zwiebel
50 g eingeweichte chinesische Pilze
1 Ei
2 EL Stärkemehl
2 EL Sojasauce
½ TL Zucker
1 TL Salz
1 Msp. Ingwerpulver
1 EL mittelscharfer Senf
1 EL Glutamat
Pfeffer aus der Mühle

Außerdem:

Fett zum Ausbacken

So wird's gemacht:

1. Das Schweinefleisch, die Krabben, die geschälte Zwiebel und die eingeweichten Pilze durch die feine Scheibe des Fleischwolfes drehen.
2. In einer Schüssel mit dem Ei und dem Stärkemehl zu einer kompakten Masse verarbeiten.
3. Mit der Sojasauce, dem Zucker, dem Salz, dem Ingwerpulver, dem Senf, dem Glutamat und Pfeffer abschmecken.
4. Zu kleinen Bällchen formen und im schwimmenden Fett ausbacken.
5. Dazu serviert man in China Glasnudeln, gemischt mit Knoblauchspinat. Dazu eine Sauce, bestehend aus Geflügelbrühe und Sojasauce, die mit Stärkemehl gebunden wird.

DER TIP

Wer dieses Gericht original chinesisch zubereiten will, darf natürlich die Zutaten nicht durch den Fleischwolf drehen. Richtiger wäre es, das Fleisch zuerst in kleine Stücke zu schneiden, mit zwei Beilen zu hacken und dabei von einer Seite zur anderen zu arbeiten. Dies wird solange wiederholt, bis die Masse ein gleichmäßiger Brei ist.

cai chao yao rou

Pfannengerührte Filets mit Gemüsen

Zutaten für 4 Personen

300 g Schweinefilet
300 g Rinderfilet

Für die Marinade:

2 EL Sojasauce
2 EL Reiswein
2 EL Erdnußöl
1 EL brauner Zucker
½ TL Fünf-Gewürze-Pulver
1 EL Stärkemehl

Für das Gemüse:

1 Bund Frühlingszwiebeln
1 rote und 1 grüne Paprikaschote
100 g Bambussprossen
100 g Sojabohnenkeimlinge
1 EL Tomatenmark
1 EL Sojasauce
1 Tasse Geflügelbrühe
1 EL Maisstärke
Salz
Pfeffer aus der Mühle

Außerdem:

Fett oder Öl zum Braten
1 Bund Schnittlauch

So wird's gemacht:

1. Das Fleisch in Streifen schneiden und in eine Schüssel geben.
2. Die Zutaten für die Marinade miteinander verrühren, über das Fleisch geben und mindestens 1 Stunde ziehen lassen.
3. In der Zwischenzeit das Gemüse putzen, waschen und in dünne Streifen schneiden.
4. Anschließend Fett in einer Pfanne erhitzen und das abgetropfte Fleisch scharf unter ständigem Rühren 3 Minuten braten.
5. Herausnehmen und warm stellen.
6. Das Gemüse ins verbliebene Bratfett geben und 3 Minuten braten.
7. Das Tomatenmark und die Sojasauce unterrühren.
8. Die Geflügelbrühe mit dem Stärkemehl verrühren und damit das Gemüse binden.
9. Das Fleisch dazugeben, nochmals kurz erhitzen, mit dem frisch geschnittenen Schnittlauch bestreut servieren.

DER TIP

Viel mehr als in der chinesischen Küche werden in der westlichen Küche Kräuter verwendet. Hier z. B. eine Kräutermarinade:
5 EL Öl, ½ TL Majoran, ½ TL Thymian und ½ TL Basilikum miteinander vermischen. Mit Sojasauce, Knoblauch und Chiliöl würzen.

yan niu rou

Mariniertes Filetsteak

Zutaten für 4 Personen

500 g Rinderfilet

Für die Marinade:

2 EL Erdnußöl
2 EL Sojasauce
1 TL geriebene Mandarinenschale
2 EL Honig
2 EL Essig
einige Tropfen Chiliöl
½ TL Glutamat

Außerdem:

4 EL Erdnußöl
Salz
Szetschuanpfeffer aus der Mühle

So wird's gemacht:

1. Das Rinderfilet in dünne Streifen schneiden und in eine Schüssel geben.
2. Die Zutaten für die Marinade miteinander verrühren und das Fleisch damit begießen.
3. Zugedeckt im Kühlschrank mindestens 2 Stunden ziehen lassen.
4. Das Erdnußöl in einer Pfanne erhitzen und das Fleisch darin unter ständigem Rühren 3 Minuten scharf braten.
5. Herausnehmen, mit Salz und Pfeffer würzen und sofort servieren.

hong men niu rou

Rotgeschmortes Rindfleisch mit Tomaten

Zutaten für 4 Personen

1 kg Rinderbraten aus der Keule

Für die Marinade:

4 EL Sojasauce
2 EL Pflaumensauce
1 EL brauner Zucker
2 EL Essig
½ TL Zimt
1 Msp. Sternanispulver
1 Msp. Korianderpulver

Außerdem:

4 EL Erdnußöl
1 Tasse Geflügelbrühe
1 Zwiebel
1 Staudensellerie
500 g Tomaten
1 EL Glutamat
2 EL Pflaumensauce
Salz
Szetschuanpfeffer aus der Mühle

So wird's gemacht:

1. Das Fleisch mit einer Küchengabel einstechen und in eine Schüssel legen.
2. Die Zutaten für die Marinade verrühren, über das Fleisch geben und ca. 1 Stunde ziehen lassen.
3. Anschließend das Fleisch herausnehmen, trockentupfen und in einem Bräter mit dem Erdnußöl scharf anbraten.
4. Die Geflügelbrühe angießen und zugedeckt im auf 180 Grad vorgeheizten Backofen 2 Stunden garen.
5. Während des Garens öfter umdrehen und mit der Sauce bestreichen.
6. Die Zwiebel und den Staudensellerie putzen, waschen und in kleine Würfel schneiden.
7. Die Tomaten enthäuten, entkernen und ebenfalls würfeln.
8. Das Gemüse 20 Minuten vor Garende zum Fleisch geben.
9. Das Glutamat und die Pflaumensauce unterrühren, mit Salz und Pfeffer abschmecken.
10. Vor dem Servieren das Fleisch in dünne Scheiben schneiden und mit der Sauce überziehen.

dou jiang niu rou

Rinderfilet in schwarzer Bohnensauce

Zutaten für 4 Personen

4 Rinderfilets à 200 g

Für die Marinade:

1 ½ EL gesalzene schwarze Bohnen
2 EL Sojasauce
1 Tasse Fleischbrühe
1 TL Zucker
1 TL Stärkemehl
2 Knoblauchzehen
½ TL Salz
einige Spritzer Chiliöl

Außerdem:

4 EL Erdnußöl
8 eingeweichte Wolkenohrpilze
1 Bund Frühlingszwiebeln

So wird's gemacht:

1. Die Rinderfilets in eine Schüssel geben.
2. Für die Marinade die schwarzen Bohnen mit der Sojasauce, der Brühe, dem Zucker, dem Stärkemehl, den mit dem Salz zerriebenen Knoblauchzehen und dem Chiliöl verrühren.
3. Die Marinade über das Fleisch geben und mindestens 2 Stunden ziehen lassen.
4. Anschließend die Filetsteaks herausnehmen und trockentupfen.
5. Das Erdnußöl in einer Pfanne erhitzen und die Filetsteaks darin je nach Geschmack garen, herausnehmen und warm stellen.
6. Die gut abgetropften Pilze und die in Stücke geschnittenen Frühlingszwiebeln ins verbliebene Bratfett geben, mit der Marinade auffüllen und 5 Minuten köcheln lassen.
7. Die Filets in dünne Scheiben schneiden, mit der Sauce überziehen und sofort servieren.

DER TIP

Die schwarze Bohnenpaste bekommen Sie in Chinaläden. Sie besteht aus Sojabohnen, Chili, Zucker und Salz. Sie ist zwar sehr scharf, aber eine ausgezeichnete Würzsauce. Gut verschlossen hält diese Paste im Kühlschrank sehr lange.

qin dou yang rou

Lammfleisch mit Zuckererbsen

Zutaten für 4 Personen

500 g Lammfilet

Für die Marinade:

2 EL helle Sojasauce
2 Knoblauchzehen
1 TL Salz
2 EL Sesamöl
1 EL brauner Zucker

Außerdem:

2 EL Sesamöl
1 Bund Frühlingszwiebeln
250 g blanchierte Zuckererbsen
1 Tasse Geflügelbrühe
2 EL Tomatenmark
1 EL Stärkemehl
1 TL Glutamat
Salz
Szetschuanpfeffer aus der Mühle

So wird's gemacht:

1. Das Lammfilet in hauchdünne Scheibchen schneiden und in eine Schüssel geben.
2. Die Sojasauce, die mit dem Salz zerriebenen Knoblauchzehen, das Sesamöl und den Zucker miteinander verrühren.
3. Diese Marinade kräftig in das Fleisch einmischen.
4. Zugedeckt 1 Stunde im Kühlschrank ziehen lassen.
5. Das Sesamöl in einer Pfanne erhitzen und das Lammfleisch darin unter ständigem Rühren 3 Minuten scharf braten, herausnehmen und warm stellen.
6. Die in 3 cm lange Stücke geschnittenen Frühlingszwiebeln ins verbliebene Bratfett geben und 2 Minuten anschwitzen.
7. Die blanchierten Zuckererbsen dazugeben, die mit dem Tomatenmark und dem Stärkemehl glattgerührte Geflügelbrühe angießen und alles damit binden.
8. Das Fleisch dazugeben, mit dem Glutamat, Salz und Pfeffer abschmecken und sofort servieren.

DER TIP

Auch die Sojasauce hat verschiedene Verwandte. Zu nennen wären die helle, dünnflüssige und salzige Sojasauce. Im Gegensatz dazu die dunkle, dickflüssige und süße Sojasauce. Beide Saucen werden als Dip oder zum Kochen verwendet.

gali hong shao yang rou

Geschmortes Lammfleisch mit Curry

Zutaten für 4 Personen

600 g durchwachsene Lammschulter
4 EL Erdnußöl
1 Zwiebel
2 Bund Frühlingszwiebeln
2 in Sirup eingelegte Ingwernüsse
2 EL Curry
½ l Fleischbrühe
1 EL Glutamat
Salz
Szetschuanpfeffer aus der Mühle

Außerdem:

2 Scheiben Ananas
100 g Lychees
50 g Cocktailkirschen
4 cl Reiswein
2 EL Stärkemehl

So wird's gemacht:

1. Die Lammschulter in 2 cm große Würfel schneiden.
2. Das Erdnußöl in einem Schmortopf erhitzen und das Fleisch darin rundherum Farbe nehmen lassen.
3. Die in Scheiben geschnittene Zwiebel und die kleingeschnittenen Frühlingszwiebeln dazugeben und kurz mitschwitzen.
4. Die feingehackten Ingwernüsse dazugeben, mit dem Curry bestäuben, mit der Fleischbrühe auffüllen, mit dem Glutomat, Salz und Pfeffer würzen.
5. Den Topf verschließen und im auf 180 Grad vorgeheizten Backofen 75–80 Minuten schmoren lassen.
6. Anschließend die in kleine Stücke geschnittenen Ananasscheiben, die Lychees und die Kirschen dazugeben.
7. Mit dem Reiswein aromatisieren und das Ganze mit dem angerührten Stärkemehl binden.
8. Nochmals abschmecken und zum Reis servieren.

men yang rou

Rotgeschmorte, gefüllte Lammschulter

Zutaten für 4 Personen

1,2 kg Lammschulter ohne Knochen (vom Metzger zum Füllen vorbereiten lassen)

Für die Füllung:

- 1 Bund Frühlingszwiebeln
- 2 Ingwernüsse in Sirup
- 3 Knoblauchzehen
- 1 TL Salz
- 50 g geriebene Mandeln
- 50 g Rosinen
- 1 TL Curry
- ½ TL Paprika
- 1 Msp. Ingwerpulver
- 4 EL Essig
- einige Tropfen Chiliöl

Für die Sauce:

- 4 EL Sesamöl
- 4 EL Sojasauce
- 3 EL Essig
- 2 EL Hoisinsauce
- 1 Tasse Geflügelbrühe
- Salz
- Pfeffer aus der Mühle

So wird's gemacht:

1. Die Lammschulter unter fließendem Wasser abwaschen und trockentupfen.
2. Das Sesamöl in einer Pfanne erhitzen und die in dünne Ringe geschnittenen Frühlingszwiebeln darin glasig schwitzen.
3. Die feingehackten Ingwernüsse, die mit dem Salz zerriebenen Knoblauchzehen, die Mandeln und die Rosinen dazugeben und kurz mitschwitzen.
4. Mit dem Curry, dem Paprika, dem Ingwerpulver, dem Essig und dem Chiliöl würzen und erkalten lassen.
5. Diese Masse auf die Lammbrust streichen, das Fleisch zusammenrollen.
6. Mit Küchenklammern feststecken oder mit einer Küchenschnur zusammenbinden.
7. Das Sesamöl in einem Schmortopf erhitzen und die Fleischrolle darin rundherum Farbe nehmen lassen.
8. Die Sojasauce, den Essig, die Hoisinsauce und die Geflügelbrühe angießen und den Topf verschließen.
9. Im auf 180 Grad vorgeheizten Backofen etwa 2 Stunden schmoren lassen.
10. Während der Garzeit das Fleisch öfter wenden und mit der Sauce begießen, die Sauce eventuell mit Salz und Pfeffer abschmecken.
11. Vor dem Servieren das Fleisch in hauchdünne Scheiben schneiden und mit dem Schmorsud überziehen.

Fisch

Wer die Landkarte Chinas aufschlägt, wird verstehen, warum gerade der Fisch eine wichtige Rolle in der Ernährung spielt. Eine riesige Meeresküste, viele Flüsse und Seen sind die fast unerschöpflichen Lieferanten für frischen Fisch. Als außergewöhnliche Feinschmecker verstehen es die chinesischen Köche und Köchinnen, diese Delikatesse hervorragend zuzubereiten. Nach dem Motto »Aus dem Wasser, auf den Tisch« sollten auch Sie immer darauf achten, für die chinesischen Rezepte nur den frischesten Fisch zu verwenden.

jiang zhi xia ren

Gebackener Karpfen mit Ingwersauce

Zutaten für 4 Personen

1 küchenfertiger Karpfen (1,5 kg)
1 EL Salz
½ Tasse Mehl
Öl zum Ausbacken

Für die Sauce:

100 g durchwachsenes Schweinefleisch
2 Karotten
1 Stange Lauch
1 Stück Sellerie
2 Knoblauchzehen
1 TL Salz
3 Ingwernüsse in Sirup
2 EL Sojasauce
3 EL Essig
1 TL Zucker
1 Tasse Geflügelbrühe
1 EL Stärkemehl
Salz
Pfeffer aus der Mühle
1 TL Glutamat

So wird's gemacht:

1. Den Karpfen mit einem Messer fünf- bis sechsmal schräg auf beiden Seiten einschneiden.
2. Innen und außen salzen und anschließend in dem Mehl wenden.
3. Das Öl in einer Pfanne erhitzen und den Fisch darin auf beiden Seiten Farbe nehmen lassen, herausnehmen und warm stellen.
4. Im verbliebenen Bratfett das in sehr dünne Streifen geschnittene Schweinefleisch rundherum anbraten.
5. Das entsprechend geputzte, gewaschene und in dünne Streifen geschnittene Gemüse dazugeben und kurz mitschwitzen.
6. Die mit dem Salz zerriebenen Knoblauchzehen, die feingehackten Ingwernüsse, die Sojasauce, den Essig und den Zucker daruntermischen.
7. Die Geflügelbrühe mit dem Stärkemehl glattrühren und damit die Sauce binden.
8. Mit Salz, Pfeffer und dem Glutamat abschmecken.
9. Den Karpfen auf das Gemüse legen, den Topf verschließen und bei geringer Hitze 10 Minuten ziehen lassen.
10. Den Fisch anrichten und mit der Sauce überziehen, dazu reicht man Glasnudeln oder Reis.

la jiang shao yu

Ausgebackener Fisch mit scharfer Sauce

Zutaten für 4 Personen

500 g Seelachsfilets
½ TL Salz
½ TL frischer, feingeriebener Ingwer
1 Eiweiß
Stärkemehl zum Bestäuben
Öl zum Ausbacken

Für die Sauce:

3 EL Erdnußöl
1 Bund Frühlingszwiebeln
1 grüner und 1 roter Chili
1 Glas Mixed Pickles
1 Tasse Geflügelbrühe
1 Tasse Weißwein
1 EL Zucker
1 TL Glutamat
Salz
Pfeffer aus der Mühle
1–2 EL Stärkemehl
1 Bund Petersilie

So wird's gemacht:

1. Die Seelachsfilets in fingerlange Streifen schneiden.
2. Mit dem Salz und dem Ingwer einreiben, in dem leicht verschlagenem Eiweiß wenden und mit dem Stärkemehl bestäuben.
3. Das Öl zum Ausbacken erhitzen.
4. In der Zwischenzeit das Erdnußöl in einer Pfanne erhitzen und die in Stücke geschnittenen Frühlingszwiebeln dazugeben und glasig schwitzen.
5. Die Chilis entkernen, in dünne Scheiben schneiden und mit den Mixed Pickles in die Pfanne geben.
6. Mit der Geflügelbrühe und dem Weißwein auffüllen, mit dem Zucker, dem Glutamat, Salz und Pfeffer abschmecken.
7. Die Sauce mit dem angerührten Stärkemehl binden.
8. Die Fischstücke im schwimmenden Öl kroß ausbacken.
9. Anrichten, mit der Soße überziehen und mit der Petersilie bestreut servieren.

tang cu zha yu

Ausgebackener Fisch mit süßsaurer Sauce

Zutaten für 4 Personen

800 g Kabeljaufilets
½ TL Salz

Für die Marinade:

1 Tasse Weißwein
2 EL Sojasauce
3 EL Essig
3 EL Hoisinsauce
1 EL brauner Zucker
1 Msp. Ingwerpulver

Für die Sauce:

2 EL Erdnußöl
1 Bund Frühlingszwiebeln
1 kleine Dose Mandarinen
100 g Ananaswürfel
2 Tassen Geflügelbrühe
1–2 EL Stärkemehl
1 EL Glutamat
Salz
Pfeffer aus der Mühle

Außerdem:

1 Ei
2 EL Stärkemehl
Öl zum Ausbacken

So wird's gemacht:

1. Die Kabeljaufilets in mundgerechte Stücke schneiden, salzen und in eine Schüssel legen.
2. Die Zutaten für die Marinade miteinander verrühren, über die Fischstücke geben und mindestens 30 Minuten ziehen lassen.
3. In der Zwischenzeit das Erdnußöl in einer Pfanne erhitzen und die in Stücke geschnittenen Frühlingszwiebeln darin kurz anschwitzen.
4. Die abgetropften Mandarinen und die Ananaswürfel dazugeben und kurz mitschwitzen.
5. Mit der Geflügelbrühe auffüllen und mit dem Stärkemehl binden.
6. Mit dem Glutamat, Salz und Pfeffer abschmecken.
7. Die Fischstücke aus der Marinade nehmen und die Flüssigkeit noch zur Sauce geben.
8. Das Ei verschlagen und die Fischstücke darin wenden, dann mit dem Stärkemehl bestäuben.
9. Das Öl erhitzen und die Fischstücke darin ausbacken.
10. Die Fischstücke anrichten, mit der Sauce überziehen und sofort servieren.

CHEFOO RED WINE

shao rouxian yu

Hecht mit Schweinefleischfüllung

Zutaten für 4 Personen

1 Hecht (etwa 2 kg)
1 TL Salz
½ TL frisch geriebener Ingwer
1 TL geriebene Mandarinenschale
2 EL helle Sojasauce
2 EL Honig
3 EL Essig

Für die Füllung:

200 g Schweinehack
1 Zwiebel
1 EL Sojasauce
2 Knoblauchzehen
½ TL Salz
1 Bund Petersilie
1 TL Glutamat
1 TL Stärkemehl

Außerdem:

Sesamöl zum Ausbacken
Mehl zum Bestäuben
¼ l Geflügelbrühe
1 Tasse Weißwein
4 EL Sojasauce
1 TL Zucker
1 EL Glutamat
1 Bund Schnittlauch

So wird's gemacht:

1. Den küchenfertigen Hecht mit einem scharfen Messer auf beiden Seiten rautenförmig einschneiden.
2. Mit dem Salz, dem Ingwer und der Mandarinenschale einreiben.
3. Die Sojasauce mit dem Honig und dem Essig verrühren und den Hecht damit innen und außen bestreichen und 15 Minuten ziehen lassen.
4. Das Schweinehack in eine Schüssel geben, mit der feingehackten Zwiebel, der Sojasauce, den mit dem Salz zerriebenen Knoblauchzehen, der gehackten Petersilie, dem Glutamat und dem Stärkemehl zu einer kompakten Masse verarbeiten.
5. Diese Masse in den Fisch füllen.
6. Das Sesamöl zum Ausbacken in einer großen Pfanne erhitzen, den Fisch mit Mehl bestäuben und im Öl auf beiden Seiten 8 Minuten backen.
7. Anschließend die Geflügelbrühe mit dem Weißwein, der Sojasauce, dem Zucker und dem Glutamat verrühren und den Fisch damit angießen.
8. Den Topf verschließen und bei niedriger Temperatur den

Fisch etwa 25 Minuten dünsten.

9. Während der Garzeit den Fisch vorsichtig einmal wenden.

10. Den Fisch anrichten, mit der Soße überziehen und mit dem frisch geschnittenen Schnittlauch bestreut servieren.

huo zhi jian yu

Pfannengerührte Scampi mit Austernsauce

Zutaten für 4 Personen

- 1 kg gekochte Scampi
- 3 EL Erdnußöl
- 2 Knoblauchzehen
- ½ TL frisch geriebener Ingwer
- 1 Bund Frühlingszwiebeln
- 1 kleiner Kopf Chinakohl
- 2 Tassen Geflügelbrühe
- 3 EL Austernsauce
- ½ Tasse Sherry
- Salz
- Szetschuanpfeffer aus der Mühle
- 1 TL Zucker
- 1 TL Glutamat
- 1–2 EL Stärkemehl
- 1 Bund Schnittlauch

So wird's gemacht:

1. Die Scampi aus der Schale nehmen und putzen.
2. Das Erdnußöl in einer Pfanne erhitzen, die Scampi dazugeben und unter ständigem Rühren auf beiden Seiten Farbe nehmen lassen.
3. Die feingehackten Knoblauchzehen, den Ingwer und die in Stücke geschnittenen Frühlingszwiebeln dazugeben und kurz mitschwitzen.
4. Den Chinakohl putzen, waschen, in mundgerechte Stücke schneiden, zu den Scampi geben und ebenfalls kurz mitschwitzen.
5. Die Geflügelbrühe, die Austernsauce und den Sherry angießen.
6. Mit Salz, Pfeffer, dem Zucker und dem Glutamat abschmecken und mit dem angerührten Stärkemehl binden.
7. Mit dem frisch geschnittenen Schnittlauch bestreut sofort servieren.

shao haixia

Gebackene Riesengarnelen

Zutaten für 4 Personen

1 kg frische Riesengarnelen

Für die Marinade:

2 Knoblauchzehen
1 TL Salz
2 EL Honig
1 Tasse Orangensaft
½ TL frisch geriebener Ingwer
2 EL Sojasauce

Außerdem:

2 Eier
1 TL Salz
100 g Mehl
¼ TL Backpulver
1 EL Öl
¼–½ Tasse Wasser
Öl zum Ausbacken

So wird's gemacht:

1. Die Riesengarnelen so schälen, daß das Schwanzende am Fleisch bleibt, und säubern.
2. Die Knoblauchzehen mit dem Salz zerreiben, mit dem Honig, dem Orangensaft, dem Ingwer und der Sojasauce verrühren und die Garnelen darin mindestens 2 Stunden ziehen lassen.
3. Die Eier in einer Schüssel verschlagen, salzen und mit dem Mehl, dem Backpulver, dem Öl und dem Wasser zu einem Teig verarbeiten.
4. Das Öl zum Ausbacken erhitzen, die Garnelen durch den Teig ziehen und in 4–5 Minuten goldgelb ausbacken.
5. Dazu reicht man je nach Geschmack verschiedene Saucen und Brot.

zha qinyu

Fritierte Heringe mit Mandarinensauce

Zutaten für 4 Personen

- 12 kleine, küchenfertige Heringe
- 1 EL Salz
- 1 El frisch geriebener Ingwer
- etwa 1 Tasse Mehl
- Öl zum Ausbacken

Für die Sauce:

- 2 EL Erdnußöl
- 1 Zwiebel
- 1 kleiner Staudensellerie
- 1 Dose Mandarinenfilets
- 1 Tasse Geflügelbrühe
- 3 EL Essig
- 2 EL Hoisinsauce
- 1 TL Glutamat
- Salz
- Pfeffer aus der Mühle
- 1–2 EL Stärkemehl

So wird's gemacht:

1. Die küchenfertigen Heringe unter fließendem Wasser abwaschen und trockentupfen.
2. Das Salz und den frisch geriebenen Ingwer miteinander vermischen und die Heringe damit bestreichen; mindestens 1 Stunde ziehen lassen.
3. Die Heringe in dem Mehl wenden.

4. Das Öl in einem Topf erhitzen und die Heringe darin ausbacken.
5. Für die Sauce das Erdnußöl in einer Pfanne erhitzen und die in Ringe geschnittene Zwiebel und den Staudensellerie darin unter ständigem Rühren rundherum anbraten.
6. Die Mandarinenfilets mit dem Saft und der Geflügelbrühe dazugeben.
7. Mit dem Essig, der Hoisinsauce, dem Glutamat, Salz und Pfeffer würzen.
8. Mit dem angerührten Stärkemehl binden.
9. Die Sauce über die Heringe verteilen und sofort servieren.

cai shao bei xin

Gemischte Muscheln im Gemüsesud

Zutaten für 4 Personen

400 g Miesmuscheln
400 g Venusmuscheln
4 EL Sesamöl
2 Knoblauchzehen
1 TL frisch geriebener Ingwer
1 TL geriebene Orangenschale
1 Bund Frühlingszwiebeln
100 g Bambussprossen
100 g Sojabohnenkeimlinge
2 Karotten
3 EL Sojasauce
2 EL Pflaumensauce
2 Tassen Geflügelbrühe
1–2 EL Stärkemehl
1 TL Glutamat
einige Tropfen Chiliöl
Salz
Szetschuanpfeffer aus der Mühle
1 Bund Schnittlauch

So wird's gemacht:

1. Die Muscheln unter fließendem Wasser abwaschen und trockentupfen.
2. Das Sesamöl in einer Pfanne erhitzen und die feingehackten Knoblauchzehen, den Ingwer und die Orangenschale darin kurz anschwitzen.
3. Die Muscheln dazugeben und solange unter ständigem Rühren erhitzen, bis sich alle Muscheln geöffnet haben.
4. Die in Streifen geschnittenen Frühlingszwiebeln und die Bambussprossen mit den Sojabohnenkeimlingen und den in Streifen geschnittenen Karotten zu den Muscheln geben und kurz mitschwitzen.
5. Die Sojasauce, die Pflaumensauce und die Geflügelbrühe miteinander verrühren und die Schwitze damit auffüllen.
6. Das Ganze in dem angerührten Stärkemehl binden.
7. Mit dem Glutamat, dem Chiliöl, Salz und Pfeffer abschmecken.
8. Mit dem frisch geschnittenen Schnittlauch bestreut sofort servieren.

tang cu bei xin

Süßsaure Herzmuscheln

Zutaten für 4 Personen

1 kg Herzmuscheln
4 EL Erdnußöl

Für die Sauce:

1 rote und 1 grüne Paprikaschote
1 Zwiebel
100 g Salatgurke
3 EL Mango-Chutney
2 Knoblauchzehen
1 TL Salz
3 EL Sojasauce
3 EL Essig
½ TL brauner Zucker
1 Tasse Geflügelbrühe
Salz
Pfeffer aus der Mühle
einige Tropfen Chiliöl

So wird's gemacht:

1. Die Herzmuscheln unter fließendem Wasser abwaschen und trockentupfen.
2. Das Erdnußöl in einer Pfanne erhitzen und die Herzmuscheln dazugeben; unter ständigem Rühren so lange braten, bis sie sich alle geöffnet haben.
3. Die geputzten, gewaschenen Paprikaschoten und die Zwiebel in dünne Streifen schneiden, zu den Muscheln geben und kurz mitschwitzen.
4. Die Salatgurke ebenfalls in Streifen schneiden, zu den Muscheln geben und kurz glasig schwitzen.
5. Den Mango-Chutney fein hacken und mit den mit dem Salz zerriebenen Knoblauchzehen unter das Gemüse mischen.
6. Die Sojasauce, den Essig, den braunen Zucker und die Geflügelbrühe dazugeben.
7. Mit Salz, Pfeffer und dem Chiliöl abschmecken.
8. Kurz aufkochen lassen und sofort servieren.

chao hai wei

Die große Meeresfrüchtepfanne

Zutaten für 4 Personen

2 küchenfertige Taschenkrebse
100 g Tintenfischringe
100 g Herzmuscheln
200 g Jakobsmuscheln ohne Schale
4 EL Sesamöl
1 Bund Frühlingszwiebeln
2 Karotten
½ Tasse Essig
2 EL helle Sojasauce
¼ l Geflügelbrühe
1 Zimtstange
einige Nelken
2 Lorbeerblätter
einige Senfkörner
1 Chilischote
1 TL Salz
1 EL Glutamat
1 Bund Petersilie

So wird's gemacht:

1. Die küchenfertig vorgekochten Taschenkrebse mit einem Küchenbeil in Stücke zerhacken.
2. Die Tintenfischringe unter fließendem Wasser abwaschen und trockentupfen, ebenso die Herzmuscheln.

3. Die Jakobsmuscheln, wenn sie gefroren sind, auftauen oder, falls sie aus der Dose sind, gut abtropfen lassen.
4. Das Sesamöl in einer entsprechend großen Pfanne erhitzen und die Meeresfrüchte unter ständigem Rühren 3 Minuten scharf braten.
5. Die in Scheiben geschnittenen Frühlingszwiebeln und die Karotten dazugeben und kurz mitschwitzen.
6. Mit dem Essig, der Sojasauce und der Geflügelbrühe auffüllen.
7. Die Zimtstange, die Nelken, die Lorbeerblätter, die Senfkörner und die Chilischote dazugeben und alles zusammen 5 Minuten köcheln lassen.
8. Mit dem Salz und dem Glutamat abschmecken.
9. Mit der frisch gehackten Petersilie bestreut sofort servieren.

DER TIP

»Was trinkt man zu einem chinesischen Menü?« Diese Frage wurde mir oft gestellt, und jedesmal mußte ich sagen. »Fast nichts.« Wenn überhaupt, wird Tee oder Brühe gereicht. Nach dem Motto »Entweder Essen oder Trinken« ist der Chinese auch kein Kostverächter der härteren Drogen. Verschiedene Schnapssorten aus Hirse, Weizen oder Reis sind bekannt, und man schätzt diese Getränke in geselliger Runde. Meist werden sie handwarm getrunken, damit sich das jeweilige Aroma besser entfalten kann.

tang jiang yu

Gegrillte Brassen mit Honigglasur

Zutaten für 4 Personen

4 küchenfertige Brassen à 300 g
1 TL Salz
Szetschuanpfeffer aus der Mühle

Für die Glasur:

3 EL Honig
2 Ingwernüsse in Sirup
1 Msp. Ingwerpulver
3 EL Essig
einige Tropfen Chiliöl
1 TL geriebene Orangenschale
3 EL Erdnußöl

Außerdem:

Limettenscheiben
1 Bund Petersilie

So wird's gemacht:

1. Die küchenfertigen Brassen unter fließendem Wasser abwaschen und trockentupfen.
2. Mit dem Salz und Szetschuanpfeffer innen und außen gut einreiben.
3. Für die Glasur den Honig mit den feingehackten Ingwernüssen, dem Ingwerpulver, dem Essig, dem Chiliöl, der

yan cu zhi yu

Rohe Forellenfilets in Marinade

Zutaten für 4 Personen

2 frische Lachsforellen à 300 g
1 TL Salz
Szetschuanpfeffer aus der Mühle

Für die Marinade:

2 EL Sojasauce
3 EL Sesamöl
4 cl trockener Sherry
2 cl Weinbrand
½ TL Zucker
1 Bund Schnittlauch

Außerdem:

einige Salatblätter
1 hartgekochtes Ei

So wird's gemacht:

1. Die Forellen ausnehmen, unter fließendem Wasser abwaschen, trockentupfen.
2. Mit einem scharfen Messer die Filets herausschneiden.
3. Die Filets vorsichtig enthäuten.
4. Die Forellenfilets mit dem Salz und Pfeffer gut einreiben und mindestens 10 Minuten gut ziehen lassen.
5. In der Zwischenzeit für die Marinade die Sojasoße, das Sesamöl, den Sherry, den Weinbrand und den Zucker miteinander verrühren und den feingehackten Schnittlauch unterziehen.
6. Die Forellenfilets in hauchdünne Scheiben schneiden, auf entsprechenden Tellern anrichten und mit der Marinade überziehen.
7. Im Kühlschrank ½ Stunde ziehen lassen.
8. Vor dem Servieren einige Salatblätter dekorativ anrichten, die Forellenfilets mit der Marinade obenauf geben.
9. Mit dem kleingehackten Ei bestreuen und geröstetes Brot dazu reichen.

Orangenschale und dem Erdnußöl verrühren.
4. Die Brassen damit innen und außen bestreichen.
5. Auf dem Grill garen.
6. Während der Garzeit öfter mit der Glasur bestreichen.
7. Mit Limettenscheiben und dem Petersiliensträußchen garnieren und sofort servieren.

Geflügel

Auch in China gilt das liebe Federvieh als eine Delikatesse. Auf keiner Tafel und bei keinem Festessen darf es fehlen. Überall werden Hühner, Hähnchen, Puten, Enten, Gänse und Tauben angeboten und mit einer geradezu bewundernswerten Perfektion zubereitet. Mit eines der bekanntesten Gerichte Chinas ist die Pekingente, die Ihnen sicher bekannt ist. Schon bei der Aufzucht der Enten, die für dieses Gericht verwendet werden, müssen spezielle Regeln beachtet werden, die dann den Erfolg der Zubereitung garantieren sollen.

men ji

Rotgeschmortes Pfefferhähnchen

Zutaten für 4 Personen

1 küchenfertige Poularde

Für die Marinade:

2 Knoblauchzehen
1 TL Salz
1 EL geschroteter, schwarzer Pfeffer
3 EL Sojasauce
1 TL frisch geriebener Ingwer
4 EL Sesamöl

Außerdem:

2 Zwiebeln
2 Karotten
300 g Melonenfleisch
2 EL Tomatenmark
2 EL Sojasauce
3 EL Essig
1 Tasse Geflügelbrühe
1 TL Glutamat
Salz
Pfeffer aus der Mühle

So wird's gemacht:

1. Die küchenfertige Poularde unter fließendem Wasser abwaschen und trockentupfen.
2. Für die Marinade die mit dem Salz zerriebenen Knoblauchzehen, den geschroteten Pfeffer, die Sojasauce, den Ingwer und das Sesamöl miteinander verrühren und die Poularde innen und außen gleichmäßig bestreichen; mindestens 1 Stunde ziehen lassen.
3. Einen Schmortopf erhitzen und das Hähnchen mit etwas Öl rundherum Farbe nehmen lassen.

4. Mit der restlichen Marinade bestreichen, den Topf verschließen und im auf 180 Grad vorgeheizten Backofen 40 Minuten garen.
5. Während der Garzeit öfter mit der Marinade bestreichen.
6. Anschließend die geviertelten Zwiebeln und die in Scheiben geschnittenen Karotten dazugeben und 10 Minuten mitschmoren.
7. Das in Würfel geschnittene Melonenfleisch dazugeben; das Tomatenmark, die Sojasauce, den Essig und die Geflügelbrühe miteinander verrühren und das Hähnchen damit angießen.
8. Mit dem Glutamat, Salz und Pfeffer würzen.
9. Nochmals verschließen und weitere 30 Minuten schmoren lassen.
10. Herausnehmen und im ganzen servieren. Das Hähnchen soll so weich sein, daß man es auch mit Stäbchen vom Knochen lösen kann.

DER TIP

In der chinesischen Küche wird sehr viel Wert auf Farben gelegt. Nicht selten werden Lebensmittelfarben eingesetzt. Gerade Bratenstücke oder Geflügel werden zuerst mit einer Gabel oder einer Nadel auf allen Seiten eingestochen und mit angerührter Lebensmittelfarbe bestrichen.

hua sheng zhi ji kuai

Hähnchenwürfel in Erdnußsauce

Zutaten für 4 Personen

4 Hühnerbrüstchen
1 TL Salz
1 EL Stärkemehl
1 Chilischote
4 EL Schweineschmalz
1 Zwiebel
1 rote Paprikaschote
100 g gemahlene Erdnüsse
2 EL Essig
2 EL Sojasauce
1 Tasse Geflügelbrühe
1–2 EL Stärkemehl
4 cl Weinbrand
Salz
Pfeffer aus der Mühle

So wird's gemacht:

1. Die Hühnerbrüstchen unter fließendem Wasser abwaschen, trockentupfen und in gleichmäßige Würfel schneiden.
2. Gründlich salzen und mit dem Stärkemehl bestäuben.
3. Die Chilischote entkernen und fein hacken.
4. Das Schweineschmalz in einer Pfanne erhitzen und die gehackte Chilischote dazugeben.
5. Das Hähnchenfleisch dazugeben und bei starker Hitze und unter ständigem Rühren 3 Minuten braten, herausnehmen und warm stellen.
6. Die in Scheiben geschnittenen Zwiebeln und Paprikaschoten dazugeben und glasig schwitzen.
7. Die gemahlenen Erdnüsse unterrühren.
8. Mit dem Essig, der Sojasauce und der Geflügelbrühe auffüllen.
9. Mit dem angerührten Stärkemehl binden.
10. Mit dem Weinbrand aromatisieren, mit Salz und Pfeffer abschmecken.
11. Das Hähnchenfleisch unter die Sauce geben und sofort servieren.

zha ji kuai

Gebackene Hühnerstückchen

Zutaten für 4 Personen

1 küchenfertige Poularde

Für die Marinade:

3 EL Mango-Chutney
2 Knoblauchzehen
1 TL Salz
1 TL frisch geriebener Ingwer
2 TL Sojapaste (oder Bohnenpaste)
2 cl Sherry
1 TL Zucker
2 EL Sojasauce
2 EL Stärkemehl

Außerdem:

2 Eier
2 Tassen Paniermehl
Öl zum Ausbacken

So wird's gemacht:

1. Die Poularde unter fließendem Wasser abwaschen und trockentupfen.
2. Mit einem Beil in 15 mundgerechte Stücke zerteilen.
3. In eine Schüssel geben.
4. Den Mango-Chutney mit den fein zerriebenen Knoblauchzehen, dem Salz, dem Ingwer, der Sojapaste, dem Sherry, dem Zucker, der Sojasauce und dem Stärkemehl verrühren und die Poulardenstückchen damit überziehen.
5. Im Kühlschrank mindestens 2 Stunden marinieren.
6. Die marinierten Hühnerstückchen anschließend in den verquirlten Eiern und im Paniermehl wenden.
7. In schwimmendem Öl ausbacken, sofort servieren.

DER TIP

Außer der scharfen Bohnenpaste kennt man in China auch noch die Rote-Bohnen-Paste, bestehend aus pürierten, gezuckerten, roten Bohnen. Andere Würzsaucen sind die süße Bohnensauce und die gelbe Bohnensauce. Beide werden als Dip oder als Würzsauce beim Kochen verwendet.

bolizhi ji

Hähnchen in Zellophan

Zutaten für 4 Personen

4 Hühnerbrüstchen

Für die Marinade:

2 EL Essig
2 EL Sojasauce
2 EL Hoisinsauce
1 TL Zucker
1/2 TL Glutamat
2 EL Sherry

Für die Füllung:

1 Bund Frühlingszwiebeln
100 g Sojabohnenkeimlinge
50 g eingeweichte chinesische Pilze
100 g Mandarinenfilets

Außerdem:

Einmachzellophan
Öl zum Ausbacken

So wird's gemacht:

1. Die Hühnerbrüstchen unter fließendem Wasser abwaschen und trockentupfen, anschließend in Würfel schneiden.
2. In eine Schüssel geben.
3. Für die Marinade den Essig, die Sojasauce, die Hoisinsauce, den Zucker, das Glutamat und den Sherry miteinander verrühren, das Fleisch damit begießen und im Kühlschrank mindestens 2 Stunden marinieren.
4. Für die Füllung die Frühlingszwiebeln in dünne Ringe schneiden, die Sojabohnenkeimlinge daruntermischen, die eingeweichten chinesischen Pilze gut abtropfen lassen und in dünne Streifen schneiden sowie die Mandarinenfilets bereitstellen.
5. Das Einmachzellophan in 12 entsprechend große Quadrate schneiden.
6. Das Hühnerfleisch, die Frühlingszwiebeln, die Sojabohnenkeimlinge, die Pilze und die Mandarinenfilets gleichmäßig darauf verteilen.
7. Das Zellophan zu kleinen Briefchen zusammenschlagen.
8. Das Öl in einer entsprechenden Pfanne erhitzen und die kleinen Briefchen bei mittlerer Hitze 5 Minuten braten, herausnehmen und sofort servieren.

ji chao zhu gan

Hähnchenwürfel mit Schweineleber und Brokkoli

Zutaten für 4 Personen

2 Hühnerbrüstchen
2 EL Sojasauce
1 TL frisch geriebener Ingwer
1 TL Salz
1 EL Stärkemehl
250 g Schweineleber
einige Tropfen Chiliöl
½ TL gemahlener Anis
etwa 1 Tasse Mehl

Außerdem:

5 EL Sesamöl
1 Zwiebel
2 Knoblauchzehen
1 TL Salz
2 EL Hoisinsauce
½ Tasse Geflügelbrühe
1 TL Glutamat
400 g vorgekochter Brokkoli
Salz
Pfeffer aus der Mühle

So wird's gemacht:

1. Die Hühnerbrüstchen unter fließendem Wasser abwaschen, trockentupfen und in Würfel schneiden.
2. Die Sojasauce mit dem geriebenen Ingwer, dem Salz und dem Stärkemehl vermischen und die Hühnerfleischwürfel damit einreiben.
3. Die Schweineleber ebenfalls waschen, trockentupfen und in kleine Würfel schneiden.
4. Mit dem Chiliöl beträufeln und mit dem Anis würzen.
5. Die Schweineleber in dem Mehl wenden.
6. 2 EL Sesamöl in einer Pfanne erhitzen und die Hühnerwürfel darin rundherum scharf anbraten, herausnehmen und warm stellen.
7. Erneut 2 EL Sesamöl dazugeben, erhitzen und die Schweineleberwürfel anbraten; aus der Pfanne nehmen und ebenfalls warm stellen.
8. Das restliche Sesamöl in die Pfanne geben, die feingehackte Zwiebel und die mit dem Salz zerriebenen Knoblauchzehen dazugeben und kurz anschwitzen.
9. Die Hoisinsauce, die Geflügelbrühe und das Glutamat miteinander verrühren und in die Pfanne geben.
10. Den kleingeschnittenen, vorgekochten Brokkoli ebenfalls in die Pfanne geben, kurz aufkochen lassen, mit Salz und Pfeffer abschmecken.
11. Die Hähnchen- und die Schweineleberwürfel dazugeben, vorsichtig unterrühren und sofort servieren.

tang cu chao ji

Hühnerfleischscheiben süßsauer

Zutaten für 4 Personen

4 Hühnerbrüstchen
Salz
Pfeffer aus der Mühle
4 EL Sesamöl
1 Zwiebel
1 rote und 1 grüne Paprikaschote
4 Scheiben Ananas
2 EL Tomatenmark
4 EL Essig
2 EL Sojasauce
2 Tassen Geflügelbrühe
2 EL Sojapaste
einige Tropfen Chiliöl
1–2 EL Stärkemehl
1 TL Glutamat

So wird's gemacht:

1. Die Hühnerbrüstchen unter fließendem Wasser abwaschen und trockentupfen.
2. In dünne Scheiben schneiden, mit Salz und Pfeffer würzen.
3. Das Sesamöl in einer entsprechenden Pfanne erhitzen und die Hühnerfleischscheiben darin scharf anbraten, herausnehmen und warm stellen.
4. Die Zwiebel, die Paprikaschoten und die Ananasscheiben in Würfel schneiden, ins verbliebene Bratfett geben und 5 Minuten glasig schwitzen.
5. Das Tomatenmark mit dem Essig, der Sojasauce, der Geflügelbrühe, der Sojapaste und dem Chiliöl glattrühren.
6. Das Stärkemehl darunterziehen und das Gemüse damit binden.
7. Mit dem Glutamat, Salz und Pfeffer abschmecken.
8. Die Hühnerfleischscheiben dazugeben, einmal aufkochen lassen und sofort servieren.

shao yanji

In Salz gegartes, gefülltes Hähnchen

Zutaten für 4 Personen

1 küchenfertige Poularde

Für die Füllung:

2 EL Sesamöl
½ Stange Lauch
½ Zwiebel
½ rote Paprikaschote
50 g Sojabohnenkeimlinge
2 Eier
1 Msp. Ingwerpulver
1 TL geschroteter, schwarzer Pfeffer

Außerdem:

etwa 2 kg Salz

So wird's gemacht:

1. Die küchenfertige Poularde unter fließendem Wasser abwaschen und trockentupfen; über Nacht abtrocknen lassen.
2. Für die Füllung das Sesamöl in einer Pfanne erhitzen.
3. Den Lauch, die Zwiebel und die Paprikaschote entsprechend putzen, waschen, in dünne Streifen schneiden und im Öl glasig schwitzen.
4. Die Sojabohnenkeimlinge unterrühren und kurz mitschwitzen.
5. Die Eier in einer Schüssel verschlagen, mit dem Ingwerpulver und dem geschroteten Pfeffer würzen.
6. Die Eier zum Gemüse geben, unter ständigem Rühren stocken lassen.
7. Das Gemüse in die Poularde füllen und diese zunähen.
8. Den Boden eines entsprechenden Topfes mit etwas Salz bedecken und die Poularde darauflegen.
9. Das restliche Salz so darüber verteilen, daß die Poularde mit Salz bedeckt ist.
10. In den auf 200 Grad vorgeheizten Backofen schieben und etwa 1 ½ Stunden garen.
11. Herausnehmen, das Salz entfernen und sofort servieren.

bai cai ji rou juan

Chinakohlrouladen mit Hähnchenfüllung

Zutaten für 4 Personen

1 mittelgroßer Chinakohl

Für die Füllung:

2 Hühnerbrüstchen
2 EL Sesamöl
1 Knoblauchzehe
½ TL frisch geriebene Ingwernuß
100 g Sojabohnenkeimlinge
100 g grüne Erbsen (TK-Produkt)
50 g eingeweichte chinesische Pilze
50 g gehackte Walnüsse
2 EL Sojasauce
2 EL Austernsauce
1 TL Glutamat
Salz
Pfeffer aus der Mühle

Außerdem:

Öl zum Ausbacken

So wird's gemacht:

1. Den Chinakohl putzen und die Blätter voneinander lösen.
2. In einem entsprechend großen Topf Salzwasser erhitzen und die Blätter darin kurz blanchieren, herausnehmen und auf einer Arbeitsfläche ausbreiten.
3. Für die Füllung die Hähnchenbrüste in sehr kleine Würfel schneiden.
4. Das Öl in einer Pfanne erhitzen und die feingehackte Knoblauchzehe und den Ingwer kurz anbraten.
5. Das Hähnchenfleisch dazugeben und bräunen.
6. Die Sojabohnenkeimlinge, die grünen Erbsen, die feingeschnittenen chinesischen Pilze und die gehackten Walnüsse zum Fleisch geben und kurz mitschwitzen.
7. Mit der Sojasauce, der Austernsauce, dem Glutamat, Salz und Pfeffer abschmecken.
8. Das Ganze vom Feuer nehmen und leicht erkalten lassen.
9. Je drei Chinakohlblätter übereinanderlegen und mit etwas Füllung bedecken.
10. Zusammenrollen und schließen.
11. Soviel Rouladen füllen, bis die ganze Masse aufgebraucht ist.
12. Öl in einer Pfanne erhitzen, die Chinakohlrouladen darin rundherum anbräunen, herausnehmen und sofort servieren.

zui ji

Beschwipstes Hühnchen

Zutaten für 4 Personen

1 küchenfertiges Hühnchen
(etwa 1,5 kg)

Für den Sud:

1 ½ l Wasser
2 EL Salz
4 EL helle Sojasauce
1 EL frisch geriebener Ingwer
1 Tasse Essig
2 Zwiebeln
2 Lorbeerblätter
einige Nelken
3 Stück Sternanis
2 EL Glutamat

Außerdem:

½ l Weißwein
¼ l Sherry

So wird's gemacht:

1. Das Huhn unter fließendem Wasser abwaschen und trockentupfen.
2. Das Wasser in einen entsprechend großen Topf füllen und sämtliche Gewürze dazugeben.
3. Einmal aufkochen lassen und das Huhn hineingeben.
4. Zugedeckt bei mittlerer Hitze 30 Minuten köcheln lassen.
5. Vom Feuer nehmen und 2 Stunden im Sud ziehen lassen.
6. Das Huhn herausnehmen und in etwa zwanzig mundgerechte Stücke hacken.
7. Das Fleisch in eine entsprechende Form legen, mit dem Weißwein und dem Sherry übergießen.
8. Zugedeckt im Kühlschrank mindestens 2 Tage ziehen lassen.
9. Herausnehmen und kalt servieren.
10. Das beschwipste Hühnchen kann man auch in der Pfanne mit etwas Öl nochmals scharf braten und warm servieren.

beijing ya

Einfache Pekingente

Zutaten für 4 Personen

1 küchenfertige, gut gemästete Bauernente

Für die Glasur:

3 EL Honig
1 Tasse Sherry
1 EL Salz
½ TL frisch geriebener Ingwer

Für die Pfannkuchen:

300 g Mehl
¼ l kochendes Wasser
1–2 EL Sesamöl

Außerdem:

Hoisinsauce
Pflaumensauce
Frühlingszwiebeln
Gurkenstreifen

So wird's gemacht:

1. Die küchenfertige Ente unter fließendem Wasser abwaschen und trockentupfen.
2. Einen entsprechend großen Topf mit Salzwasser zum Kochen bringen und die Ente darin 5 Sekunden blanchieren, herausnehmen, trockentupfen und über Nacht zum Trocknen aufhängen.
3. Für die Glasur den Honig mit dem Sherry, dem Salz und dem Ingwer verrühren und die getrocknete Ente gleichmäßig innen und außen bestreichen.
4. Nochmals mindestens 5 Stunden zum Trocknen aufhängen.
5. Anschließend die Ente im auf 200 Grad vorgeheizten Backofen auf den Rost legen und je nach Größe 1½ bis 2 Stunden braten.
6. In der Zwischenzeit das Mehl in eine Schüssel sieben und mit dem kochenden Wasser einen geschmeidigen Teig bereiten.
7. Den Teig 10 Minuten kneten, zu Kugeln formen und diese mindestens 30 Minuten ruhen lassen.
8. Ballkugeln nochmals zusammenkneten und zu einer Rolle von 5 cm Durchmesser formen.
9. 1 cm dicke Scheiben herunterschneiden.
10. Jeweils 1 Scheibe mit Sesamöl bestreichen und eine zweite Scheibe obenauf legen.
11. Diese Doppelscheiben mit einem Nudelholz von der Mitte her ausrollen, bis sie einen Durchmesser von etwa 15 cm erreicht haben.
12. Mit den anderen Teigscheiben genauso verfahren.
13. Eine Pfanne erhitzen und die Fladen darin portionsweise ohne Öl auf beiden Seiten backen. Vorsicht! Damit sie nicht anbrennen, sollte man ständig die Pfanne rütteln.
14. Wenn die Fladen leicht goldbraune Flecken bekommen haben, sind sie fertig und können wieder auseinandergezogen werden.
15. Die Pfannkuchen mit den Soßen und den in Streifen geschnittenen Frühlingszwiebeln und Gurken auf den Tisch stellen.
16. Die Ente servieren, zuerst reicht man die Kruste und anschließend das Fleisch.
17. Essen sollten Sie die Pekingente, indem Sie einen Pfannkuchen mit Sauce bestreichen, mit Kruste oder Fleisch sowie mit Frühlingszwiebeln oder Gurkenstreifen belegen und den Pfannkuchen zusammenklappen.

tang cu ya

Süßsaure Entenwürfel mit Früchten

Zutaten für 4 Personen

500 g gebratenes Entenfleisch
3 EL Sesamöl
1 Zwiebel
1 Stück Staudensellerie
2 Ananasscheiben
50 g Lychees
100 g Melonen
2 EL Sojasauce
2 EL Hoisinsauce
1 Tasse Geflügelbrühe
2 EL Tomatenmark
½ Tasse Essig
1 TL Zucker
1–2 EL Stärkemehl
Salz
Pfeffer aus der Mühle

So wird's gemacht:

1. Das Entenfleisch in mundgerechte Würfel schneiden.
2. Das Sesamöl in einer entsprechenden Pfanne erhitzen und die Fleischwürfel darin rundherum Farbe nehmen lassen, herausnehmen und warm stellen.
3. Die Zwiebel und den Staudensellerie in kleine Würfel schneiden, ins verbliebene Bratfett geben und darin glasig schwitzen.
4. Die Ananasscheiben in Würfel schneiden und mit den Lychees und den in Würfel geschnittenen Melonen zum Gemüse geben und kurz mitschwitzen.
5. Die Sojasauce mit der Hoisinsauce und der Geflügelbrühe zum Gemüse geben.
6. Das Tomatenmark, den Essig und den Zucker dazugeben, mit dem angerührten Stärkemehl binden.
7. Mit Salz und Pfeffer abschmecken, das Fleisch dazugeben, umrühren und sofort servieren.

DER TIP

Natürlich läßt sich dieses Gericht auch mit gebratenem Hähnchenfleisch zubereiten. Eine andere Möglichkeit besteht darin, rohes Fleisch dafür zu verwenden. Empfehlenswert ist es dann aber, das Fleisch vorher zu marinieren.

shao ya bai cai

Gekochte Ente mit Chinakohl

Zutaten für 4 Personen

1 küchenfertige Ente
½ l Fleischbrühe
200 g geräucherter Schinken
2 EL Pflaumensauce
einige Spritzer Chiliöl
½ Tasse Essig
1 EL Glutamat
1 TL Zucker
1 TL frisch geriebener Ingwer

Außerdem:

2 Bund Frühlingszwiebeln
1 kleiner Kopf Chinakohl
Salz
Pfeffer aus der Mühle
1 EL gehacktes Koriandergrün

So wird's gemacht:

1. Die küchenfertige Ente unter fließendem Wasser abwaschen und trockentupfen.
2. Einen entsprechend großen Topf mit Salzwaser zum Kochen bringen und die Ente darin 15 Minuten bei mittlerer Hitze kochen, herausnehmen und nochmals säubern.
3. Die Fleischbrühe in einen anderen Topf geben und den in Streifen geschnittenen geräucherten Schinken dazugeben.
4. Die Pflaumensauce, das Chiliöl, den Essig, das Glutamat, den Zucker und den Ingwer unterrühren.
5. Die Ente dazugeben, den Topf schließen und im auf 180 Grad vorgeheizten Backofen 1½ Stunden garen.
6. 10 Minuten vor Garende die in Streifen geschnittenen Frühlingszwiebeln und den in Streifen geschnittenen Chinakohl dazugeben und mitdünsten.
7. Vor dem Servieren mit Salz und Pfeffer abschmecken und mit dem gehackten Koriandergrün bestreuen.

Gemüse

Ein großer Teil der chinesischen Gemüserezepte ist beeinflußt von der religiösen Anschauung und der Küchentradition buddhistischer Mönche. In Klöstern und Tempeln entstand eine vegetarische Küche von absoluter Vollkommenheit. Keine andere Küche achtet mehr auf das verschiedenartige Geschmacksspiel der einzelnen Gemüsesorten. Richtiges Mischen und Garen sind die wichtigsten Grundlagen für diese Delikatessen.

men qin cai

Geschmortes Gemüseallerlei

Zutaten für 4 Personen

4 EL Erdnußöl
2 Knoblauchzehen
1 TL Salz
1 TL frisch geriebener Ingwer
1 Zwiebel
1 kleiner Staudensellerie
1 rote und 1 grüne Paprikaschote
100 g Sojabohnenkeimlinge
100 g grüne Erbsen (TK-Produkt)
2 EL Sojasauce
2 EL Hoisinsauce
Saft einer Zitrone
1 Tasse Geflügelbrühe
100 g Chinakohl
Salz
Pfeffer aus der Mühle
1 TL Glutamat

So wird's gemacht:

1. Das Erdnußöl in einer entsprechend großen Pfanne erhitzen.
2. Die gehackten und mit dem Salz zerriebenen Knoblauchzehen und den frischen Ingwer ins Öl geben und kurz anbraten.
3. Die Zwiebel, den Staudensellerie und die Paprikaschoten putzen, waschen, in dünne Streifen schneiden, ins Öl geben und glasig schwitzen.
4. Die Sojabohnenkeimlinge und die Erbsen daruntermischen und kurz mitschwitzen.
5. Mit der Sojasauce, der Hoisinsauce, dem Zitronensaft und der Geflügelbrühe vermischen, einmal aufkochen lassen.
6. Den Chinakohl putzen, ebenfalls in dünne Streifen schneiden, unter das Gemüse geben, mit Salz, Pfeffer und dem Glutamat abschmecken und sofort servieren.

DER TIP

Knoblauch ist auch ein Bestandteil der chinesischen Küche. Besonders für die Aromatisierung von Öl und Fetten ist er sehr beliebt. Der Knoblauch ist ein Lauchgewächs und seine Urheimat dürfte im inneren Asien zu suchen sein. Seinen nicht immer beliebten Geruch hat der Knoblauch durch das schwefelhaltige Lauchöl (Allicin), das nach dem Verzehr über die Haut und die Schleimhäute ausgeschieden wird.

chao gan lan

Rotgekochter Wirsing

Zutaten für 4 Personen

1 mittelgroßer Wirsing
50 g eingeweichte chinesische Pilze
1 Bund Frühlingszwiebeln
2 Knoblauchzehen
1 TL Salz
2 EL Sesamöl
1 Tasse Geflügelbrühe
2 EL Sojasauce
2 EL Pflaumensauce
3 EL Essig
1 TL Zucker
1 TL Salz
1 EL Glutamat
einige Tropfen Chiliöl

So wird's gemacht:

1. Den Wirsing entsprechend putzen, waschen und in mundgerechte Stücke schneiden.
2. Die eingeweichten Pilze in kleine Würfel schneiden.
3. Die Frühlingszwiebeln putzen, waschen und in hauchdünne Scheiben schneiden.
4. Die Knoblauchzehen fein hacken und mit dem Salz zerreiben.
5. Das Öl in einem Topf erhitzen, die Knoblauchzehen dazugeben und kurz anschwitzen.
6. Das übrige Gemüse dazugeben und 5 Minuten dünsten.
7. Die Geflügelbrühe mit der Sojasauce, der Pflaumensauce, dem Essig, dem Zucker und dem Salz verrühren und zum Gemüse geben. Bei mittlerer Hitze zugedeckt 10 Minuten köcheln lassen.
8. Mit dem Glutamat und dem Chiliöl abschmecken, sofort servieren.

gan lan cai

Wirsing mit süßsaurer Tomatensauce

Zutaten für 4 Personen

- 1 mittelgroßer Wirsing
- 3 EL Sesamöl
- 1 EL Salz
- 1 Tasse Geflügelbrühe
- 1 Msp. Ingwer
- 1 TL Glutamat

Für die Sauce:

- 3 EL Sesamöl
- 1 Zwiebel
- 100 g geräucherter Schinken
- 1 Tasse Geflügelbrühe
- 2 EL Sojasauce
- 2 EL Tomatenmark
- ½ Tasse Essig
- 2 EL Zucker
- ½ TL Salz
- einige Tropfen Chiliöl
- 2–3 EL Stärkemehl

So wird's gemacht:

1. Den Wirsing putzen, waschen und in feine Streifen schneiden.
2. Das Sesamöl in einem Topf erhitzen und den Wirsing dazugeben, unter ständigem Rühren kurz braten.
3. Mit dem Salz bestreuen, mit der Geflügelbrühe auffüllen, mit dem Ingwer und dem Glutamat würzen.
4. Zugedeckt bei mittlerer Hitze 4–5 Minuten köcheln lassen.
5. Für die Sauce das Sesamöl in einer anderen Pfanne erhitzen und die in feine Scheiben geschnittene Zwiebel darin glasig schwitzen.
6. Den in dünne Streifen geschnittenen Schinken dazugeben, kurz mitschwitzen.
7. Die Geflügelbrühe mit der Sojasauce, dem Tomatenmark und dem Essig verrühren und dieses in die Pfanne geben.
8. Mit dem Zucker, dem Salz und dem Chiliöl würzen.
9. Mit dem angerührten Stärkemehl binden.
10. Den Wirsing anrichten und die Sauce darüber verteilen, sofort servieren.

½ TL Glutamat
1 TL Salz
weißer Pfeffer aus der Mühle
1 Msp. Ingwerpulver

Außerdem:

2 EL Öl
100 g gekochter Schinken
1 Bund Schnittlauch

ji zhi qin cai

Brokkoli mit Hühnercreme

Zutaten für 4 Personen

500 g Brokkoli

Für die Sauce:

1 Hühnerbrüstchen
2 Eiweiß
1 Tasse Geflügelbrühe
1 EL Stärkemehl

So wird's gemacht:

1. Den Brokkoli in Salzwasser blanchieren, herausnehmen, abtropfen lassen und in mundgerechte Stücke schneiden.
2. Für die Sauce das Hühnerbrüstchen sehr fein hacken und in eine Schüssel geben.

3. Die Eiweiße, die Geflügelbrühe, das Stärkemehl und das Glutamat dazugeben und alles gut miteinander vermischen.
4. Mit dem Salz, Pfeffer und dem Ingwerpulver abschmecken und nochmals gut verrühren, bis eine glatte Paste entstanden ist.
5. Das Öl in einer Pfanne erhitzen. Den Brokkoli dazugeben und unter ständigem Rühren 3 Minuten anbraten.
6. Herausnehmen und warm stellen.
7. Die Sauce in die Pfanne geben und solange rühren, bis eine sämige, helle Sauce entstanden ist.
8. Den Brokkoli dazugeben und kurz aufköcheln lassen.
9. Herausnehmen, anrichten, mit dem feingewürfelten Schinken und dem frisch geschnittenen Schnittlauch bestreut sofort servieren.

nai dun bai cai

Chinakohl in Milch gedünstet

Zutaten für 4 Personen

1 mittelgroßer Chinakohl
3 EL Sesamöl
1 Bund Frühlingszwiebeln
100 g Krabben oder Crevetten
1 Tasse Geflügelbrühe
1 TL Salz
½ TL frisch geriebener Ingwer
1 Tasse Milch
1–2 EL Stärkemehl
Pfeffer aus der Mühle
1 EL gehacktes Koriandergrün

So wird's gemacht:

1. Den Chinakohl putzen, waschen und in mundgerechte Stücke schneiden.
2. Das Sesamöl in einem Topf erhitzen und die in Scheiben geschnittenen Frühlingszwiebeln dazugeben; kurz anbraten.
3. Die unter frischem Wasser abgewaschenen Krabben abtropfen lassen, zu den Frühlingszwiebeln geben und kurz mitschwitzen.
4. Den Chinakohl unterrühren, mit der Geflügelbrühe auffüllen.
5. Mit dem Salz und dem Ingwer würzen.
6. Die Milch mit dem Stärkemehl glattrühren und das Gemüse damit binden.
7. Mit Salz und Pfeffer nochmals abschmecken; mit dem gehackten Koriandergrün bestreut sofort servieren.

huo tui chao tian suan bai cai

Süßsaurer Chinakohl mit Schinken

Zutaten für 4 Personen

1 mittelgroßer Chinakohl
3 EL Erdnußöl
100 g roher Schinken
1 Zwiebel
1 rote und 1 grüne Paprikaschote
50 g eingeweichte chinesische Pilze
1 Tasse Geflügelbrühe
2 EL Tomatenmark
1 TL Glutamat
½ Tasse Essig
2 EL Sojasauce
2 EL Honig
1 TL Salz
½ TL Zucker
einige Tropfen Chiliöl
1–2 TL Stärkemehl

So wird's gemacht:

1. Den Chinakohl putzen, waschen und in mundgerechte Stücke schneiden.
2. Das Erdnußöl in einer Pfanne erhitzen und den in kleine Würfel geschnittenen Schinken darin glasig schwitzen.
3. Die Zwiebel und die Paprikaschoten putzen, waschen und in grobe Würfel schneiden, zum Schinken geben und kurz mitschwitzen.
4. Die feingeschnittenen, eingeweichten Pilze dazugeben.
5. Die Geflügelbrühe mit dem Tomatenmark, dem Glutamat, dem Essig, der Sojasauce, dem Honig und dem Salz verrühren, mit dem Chinakohl in die Pfanne geben und alles zusammen 2 Minuten dünsten.
6. Mit dem Zucker und dem Chiliöl abschmecken.
7. Mit dem in etwas Wasser angerührten Stärkemehl binden und sofort servieren.

la huang gua

Pikant gefüllte Gurke

Zutaten für 4 Personen

1 große Salatgurke

Für die Füllung:

200 g Schweinehack
2 Knoblauchzehen
1 TL Salz
½ TL frisch geriebener Ingwer
1 Bund Schnittlauch
1 Ei
2 EL Stärkemehl
Pfeffer aus der Mühle
1 EL mittelscharfer Senf
1 TL Glutamat

Außerdem:

4 EL Erdnußöl
1 Tasse Geflügelbrühe
2 EL Sojasauce
2 EL Hoisinsauce
2 cl Sherry

So wird's gemacht:

1. Die Salatgurke waschen und in vier gleich große Stücke schneiden.
2. Mit einem Apfelausstecher oder einem Teelöffel die Kerne herausholen.
3. Das Schweinehack in einer Schüssel mit den mit Salz zerriebenen Knoblauchzehen, dem Ingwer, dem feingeschnittenen Schnittlauch, dem Ei und dem Stärkemehl zu einer kompakten Masse verarbeiten.
4. Mit Pfeffer, dem Senf und dem Glutamat würzen.
5. Diese Masse in die Gurken füllen.
6. Das Erdnußöl in einer großen Pfanne erhitzen.
7. Von der Gurke jeweils 1 cm dicke Scheiben abschneiden, auf beiden Seiten scharf anbraten, herausnehmen und warm stellen.
8. Wenn Sie alle Gurkenscheiben ausgebacken haben, in das verbliebene Bratfett die Geflügelbrühe, die Sojasauce, die Hoisinsauce und den Sherry geben, einmal kurz aufkochen lassen; diese Sauce über die Gurkenstücke geben und sofort servieren.

DER TIP

Eine Variante für dieses Rezept besteht darin, die gebratenen Gurkenstücke in Backteig zu wenden und nochmals kurz in schwimmendem Fett auszubacken. Dies muß aber sehr schnell gehen, sonst werden die Gurken zu weich und zuviel Flüssigkeit tritt aus.

bo cai

Ingwerspinat

Zutaten für 4 Personen

400 g Spinat
2 EL Erdnußöl
2 Knoblauchzehen
1 TL Salz
2 in Sirup eingelegte Ingwernüsse
2 EL Sojasauce
4 EL Essig
1 TL brauner Zucker
1 Tasse Geflügelbrühe
1 TL Glutamat
1 EL Stärkemehl

So wird's gemacht:

1. Den Spinat verlesen, waschen und in Streifen schneiden.
2. Das Erdnußöl in einer entsprechend großen Pfanne erhitzen und die feingehackten, mit dem Salz zerriebenen Knoblauchzehen darin kurz anschwitzen.
3. Die kleingeschnittenen Ingwernüsse dazugeben.
4. Die Sojasauce mit dem Essig, dem Zucker, der Geflügelbrühe und dem Glutamat verrühren und in die Pfanne geben.
5. Mit dem angerührten Stärkemehl leicht binden.
6. Den Spinat dazugeben, einmal aufkochen lassen und sofort servieren.

suan sha la

Saurer Gemüsesalat

Zutaten für 4 Personen

1 Bund Radieschen
1 kleiner Chinakohlsalat
2 Scheiben Ananas
100 g Brunnenkresse
100 g gekochter Schinken
1 kleines Glas Mixed Pickles
1 Chilischote
2 EL Sojasauce
3 EL Erdnußöl
1 TL Glutamat
1 TL Zucker
Salz
Pfeffer aus der Mühle
frische Kräuter

So wird's gemacht:

1. Die Radieschen putzen, waschen und in Scheiben schneiden.
2. Den Chinakohlsalat putzen, waschen und in dünne Streifen schneiden.
3. Die Ananas in kleine Würfel schneiden.
4. Die Brunnenkresse verlesen, waschen und mit den übrigen Zutaten in eine Schüssel geben.
5. Den in dünne Streifen geschnittenen Schinken dazugeben und die Zutaten vorsichtig miteinander vermischen.
6. Die Mixed Pickles in einen Topf geben, mit der feingehackten Chilischote, der Sojasauce und dem Erdnußöl erhitzen.
7. Mit dem Glutamat, dem Zucker, Salz und Pfeffer abschmecken.
8. Warm über den Salat geben und den Salat damit anmachen. Mit frischen Kräutern bestreut sofort servieren.

ji sha la

Gedünsteter Geflügelsalat

Zutaten für 4 Personen

100 g gekochtes oder gebratenes Hähnchenfleisch
50 g eingeweichte chinesische Pilze
2 Karotten
1 Stück Sellerie
1 Zwicbcl
1 rote Paprikaschote
100 g Bambussprossen
100 g Melonen
2 Tomaten
4 EL Sesamöl

Für die Sauce:

1 Tasse Geflügelbrühe
2 EL Mango-Chutney
2 EL Tomatenmark
3 EL Essig
1 Msp. Ingwerpulver
1 TL Glutamat
½ TL Zucker
1 EL Stärkemehl
Salz
Pfeffer aus der Mühle

So wird's gemacht:

1. Das Hähnchenfleisch in dünne Streifen schneiden.
2. Die chinesischen Pilze abtropfen lassen und ebenfalls in Streifen schneiden.
3. Die Karotten, den Sellcric, die Zwiebel und die Paprikaschote entsprechend putzen, waschen und in dünne Streifen schneiden.
4. Die Bambussprossen ebenfalls in Streifen schneiden.
5. Die Melonen in kleine Würfel schneiden.
6. Die Tomaten enthäuten, entkernen und ebenfalls würfeln.
7. Das Sesamöl in einer Pfanne erhitzen, alle Zutaten dazugeben und kurz anschwitzen.
8. Die Zutaten für die Sauce miteinander verrühren, zum Gemüse geben, den Topf verschließen und alles zusammen 3 Minuten dünsten lassen.
9. Mit Salz und Pfeffer nochmals abschmecken, heiß oder kalt servieren.

DER TIP

Für eine typisch chinesische Tafel ist es nicht üblich, frischen Salat zu reichen. Es gibt in der chinesischen Küche im Gegensatz zur westlichen fast keine Rezepte, in denen roher Salat oder rohes Gemüse verarbeitet werden. Meist werden diese Zutaten kurz mit kochendem Wasser übergossen oder blanchiert.

Suppen

Mit Absicht steht dieses Kapitel im hinteren Teil dieses Buches. Suppen werden zwar auch als erlesene Gerichte behandelt, sind aber im Gegensatz zur europäischen Küche kein eigener Gang und werden nur selten als Vorspeise gereicht. Über die Jahrhunderte hinweg hat sich die Suppenküche in den verschiedenen Regionen entwickelt, und jede Familie kennt eigene Rezepte. Eines haben diese Köstlichkeiten aber alle gemeinsam: Sie werden liebevoll serviert, und jede einzelne Suppe gleicht einem farbenprächtigen Bild mit bunten Blumen.

fen si niu rou tang

Rindfleischsuppe mit Glasnudeln

Zutaten für 4 Personen

200 g Rinderhack (Tatar)
3 EL Sesamöl
1 Bund Frühlingszwiebeln
1 rote Paprikaschote
100 g eingeweichte Glasnudeln
1 in Sirup eingelegte Ingwernuß
2 EL Sojasauce
einige Tropfen Chiliöl
3/4 l Fleischbrühe
Salz
Pfeffer aus der Mühle
1 TL Glutamat
1 Bund Petersilie

So wird's gemacht:

1. Das Rinderhack mit einer Gabel zerdrücken.
2. Das Sesamöl in einem Topf erhitzen und das Hackfleisch darin rundherum scharf anbraten.
3. Die in Würfel geschnittenen Frühlingszwiebeln und die zerkleinerte Paprikaschote dazugeben und kurz mitschwitzen.
4. Die Glasnudeln und den feingewürfelten Ingwer dazugeben.
5. Die Sojasauce und das Chiliöl unterrühren und mit der Fleischbrühe auffüllen.
6. Mit Salz, Pfeffer und dem Glutamat abschmecken.
7. Mit der frisch gehackten Petersilie bestreut servieren.

DER TIP

Wer die Möglichkeit hat, in einem der speziellen Chinaläden einzukaufen, der sollte sich für diese Suppe getrocknetes Seegras holen. Dieses Seegras muß zuerst eingeweicht werden. In der Suppe nimmt es dann das Aroma voll auf und ist somit eine erlesene Bereicherung.

dan hua xia tang

Krabbensuppe mit Eierblumen

Zutaten für 4 Personen

50 g gekochter Schinken	1 Msp. Ingwerpulver
1 Bund Frühlingszwiebeln	2 Eier
1 Karotte	1 EL Sojasauce
1 kleines Stück Staudensellerie	1 TL Sesamöl
100 g Krabben oder Crevetten	
3/4 l Geflügelbrühe	
Salz	
Pfeffer aus der Mühle	
1 TL Glutamat	

So wird's gemacht:

1. Den Schinken, die Frühlingszwiebeln, die Karotte und den Staudensellerie in hauchdünne Streifen schneiden.
2. Die Krabben unter fließendem Wasser abwaschen und trockentupfen.
3. Die Geflügelbrühe in einen Topf geben und die Zutaten darin 5 Minuten köcheln lassen.
4. Mit Salz, Pfeffer, dem Glutamat und dem Ingwerpulver abschmecken.
5. Die Eier mit der Sojasauce und dem Sesamöl verschlagen und durch ein Sieb in die leicht köchelnde Suppe geben.
6. Nochmals abschmecken und sofort servieren.

qin tang

Klare Reissuppe

Zutaten für 4 Personen

1 Hühnerbrüstchen
2 EL Sesamöl
1 Bund Frühlingszwiebeln
50 g eingeweichte chinesische Pilze
100 g Sojabohnenkeimlinge
100 g frische Champignons
100 g grüne Erbsen (TK-Produkt)
2 Tassen gekochter Reis
1 l Geflügelbrühe
2 EL Hoisinsauce
½ TL frisch geriebener Ingwer
1 Knoblauchzehe
½ TL Salz
Pfeffer aus der Mühle
1 TL Glutamat
4 cl Reiswein
1 Bund Schnittlauch

So wird's gemacht:

1. Das Hühnerbrüstchen in kleine Würfel schneiden.
2. Das Sesamöl in einem Topf erhitzen und die Hühnerwürfel darin rundherum Farbe nehmen lassen.
3. Die in kleine Würfel geschnittenen Frühlingszwiebeln und die Pilze dazugeben und kurz mitschwitzen.
4. Die Sojabohnenkeimlinge mit den in Scheiben geschnittenen Champignons und den grünen Erbsen in den Topf geben und ebenfalls kurz mitschwitzen.
5. Den gekochten Reis unterrühren und mit der Geflügelbrühe auffüllen.
6. Mit der Hoisinsauce, dem Ingwer, der mit dem Salz zerriebenen Knoblauchzehe, Pfeffer und dem Glutamat abschmecken.
7. Mit dem Reiswein aromatisieren.
8. Mit dem frisch geschnittenen Schnittlauch bestreut sofort servieren.

da bian lu

Chinesisches Fondue

Zutaten für 4 Personen

300 g Rinderfilet
300 g Schweinefilet
2 Hühnerbrüstchen
200 g Blumenkohlröschen
3 Karotten
1 Bund Frühlingszwiebeln
200 g frische Champignons
1 1/2 l gut gewürzte Hühnerbrühe

Für die Zitronensauce:

1/2 Tasse Mayonnaise
1/2 Tasse Crème fraîche
Saft von 2 Zitronen
1 Bund Zitronenmelisse
1 EL Sojasauce
Salz
Pfeffer aus der Mühle
4 cl Sherry

Für die Schnittlauchsauce:

1 Bund Frühlingszwiebeln
1 Bund Schnittlauch
1 EL Hoisinsauce
2 EL Tomatenmark
1 Tasse Mayonnaise
Salz
Pfeffer aus der Mühle

Für die Ingwersauce:

3 in Sirup eingelegte Ingwernüsse
2 Knoblauchzehen
1 TL Salz
1 EL Sojasauce
2 EL Honig
1 Becher Joghurt
1 Msp. Ingwerpulver
1 TL Curry
Pfeffer aus der Mühle
einige Spritzer Chiliöl

Außerdem:

Hoisinsauce
Pflaumensauce
Austernsauce
Sojasauce

So wird's gemacht:

1. Das Rinderfilet, das Schweinefilet und die Hühnerbrüstchen in hauchdünne Scheiben schneiden und portionsweise auf vier Tellern anrichten.
2. Die Blumenkohlröschen, die in dünne Scheiben geschnittenen Karotten, die in 5 cm lange Stücke geschnittenen Frühlingszwiebeln und die geputzten, gewaschenen Champignons ebenfalls dekorativ auf vier Tellern anrichten.
3. Die Hühnerbrühe in einem Fonduetopf langsam zum Kochen bringen.
4. In der Zwischenzeit die Zutaten für die Zitronensauce miteinander verrühren, die feingehackte Zitronenmelisse dazugeben, mit Salz und Pfeffer abschmecken und mit dem Sherry verfeinern.
5. Für die Schnittlauchsauce die Frühlingszwiebeln in sehr feine Würfel schneiden, den Schnittlauch verlesen und in dünne Ringe schneiden. Alle Zutaten miteinander verrühren, mit Salz und Pfeffer abschmecken.
6. Für die Ingwersauce die Ingwernüsse fein hacken und die Knoblauchzehen mit dem Salz zu einer Paste zerreiben. Alle Zutaten miteinander verrühren, mit dem Ingwerpulver, dem Curry, Pfeffer und einigen Tropfen Chilisauce abschmecken.
7. Das Fleisch, das Gemüse und die selbstgemachten sowie die Fertigsaucen in getrennten Schüsseln auf den Tisch stellen. Den Fonduetopf mit der Brühe so in die Mitte des Tisches stellen, daß alle Personen gut an den Topf können.

8. Kleine Teesiebe und Fonduegabeln eindecken, und schon kann's beginnen.
9. Jeder Gast kocht sich nun seine Zutat je nach Geschmack in der köchelnden Brühe und stippt die Zutaten anschließend in die Sauce.
10. Dazu reicht man Dampfhefebrötchen oder einfach Stangenweißbrot.

suan la cai tang

Sauerscharfe Gemüsesuppe

Zutaten für 4 Personen

100 g gekochter Schinken
2 EL Sesamöl
1 Chilischote
1 Zwiebel
1 Karotte
1 Stück Sellerie
1 rote und 1 grüne Paprikaschote
50 g eingeweichte chinesische Pilze
100 g Bambussprossen
3 EL Essig
2 EL Sojasauce
3/4 l Fleischbrühe
2 EL Stärkemehl
Salz
Pfeffer
einige Tropfen Chiliöl

So wird's gemacht:

1. Den Schinken in kleine Würfel schneiden.
2. Das Sesamöl in einer Pfanne erhitzen und die entkernte und feingehackte Chilischote darin anbraten.
3. Das Gemüse putzen, waschen und ebenfalls in kleine Würfel schneiden, mit dem Schinken und den in Würfel geschnittenen Pilzen in das Öl geben und glasig schwitzen.
4. Die in Würfel geschnittenen Bambussprossen dazugeben und kurz mitschwitzen.
5. Den Essig, die Sojasauce und die Fleischbrühe dazugeben und alles zugedeckt 5 Minuten köcheln lassen.
6. Das Stärkemehl mit etwas Wasser anrühren und damit die Suppe binden.
7. Mit Salz, Pfeffer und dem Chiliöl abschmecken und servieren.

yumi xia tang

Maiscremesuppe mit Krabben

Zutaten für 4 Personen

2 EL Sesamöl
1 Bund Frühlingszwiebeln
1 rote Paprikaschote
100 g Krabben oder Crevetten
500 g Mais
3/4 l Fleischbrühe
4 cl Sherry
1 TL Zucker
1 EL Sojasauce
1–2 EL Stärkemehl
2 Eiweiß
Salz
Pfeffer aus der Mühle
1 Bund Schnittlauch

So wird's gemacht:

1. Das Sesamöl in einem entsprechenden Topf erhitzen und die in kleine Würfel geschnittenen Zwiebeln und die zerkleinerte Paprikaschote darin glasig schwitzen.
2. Die Krabben oder Crevetten dazugeben und kurz mitschwitzen.
3. Die Hälfte des Maises pürieren und mit der zweiten Hälfte zu den anderen Zutaten geben, kurz mitschwitzen.
4. Mit der Fleischbrühe auffüllen.
5. Den Sherry, den Zucker, die Sojasauce und das Stärkemehl miteinander verrühren; die Suppe leicht damit binden.
6. Die Eiweiße verschlagen und unter die leicht köchelnde Suppe rühren.
7. Mit Salz und Pfeffer abschmecken, mit dem frisch geschnittenen Schnittlauch bestreut servieren.

huo guo

Der Feuertopf

Zutaten für 4 Personen

300 g Lammfilet
300 g Rinderfilet
1 kleiner Kopf Chinakohl
2 Karotten
1 Bund Frühlingszwiebeln
200 g Spinat
1½ rote und 1½ grüne Paprikaschoten

Für die Brühe:

1½ l Geflügelbrühe
100 g eingeweichte chinesische Pilze
2 EL Sojasauce
½ Tasse Sherry

Für die Paprikasauce:

½ rote und ½ grüne Paprikaschote
1 kleine Zwiebel
½ Tasse Mayonnaise
½ Tasse Crème fraîche
1 EL Pflaumensauce
einige Tropfen Chiliöl
½ TL Paprikapulver (edelsüß)
½ TL Zucker
Salz
Szetschuanpfeffer aus der Mühle

Für die Knoblauchsauce:

4 Knoblauchzehen
1 TL Salz
1 Bund Schnittlauch
1 Becher Joghurt
½ Tasse Crème fraîche
1 EL Sojasauce
Pfeffer aus der Mühle
4 cl Sherry oder Weinbrand

Für die Eiersauce:

2 hartgekochte Eier
1 Bund Frühlingszwiebeln
2 EL Honig
2 EL Essig
1 Tasse Crème fraîche
einige Tropfen Chiliöl
2 EL Sojasauce
Salz
Pfeffer aus der Mühle

Außerdem:

Pflaumensauce
Hoisinsauce
Sojasauce
100 g gekochte Glasnudeln
2 Tassen gekochter Reis

So wird's gemacht:

1. Das Fleisch in hauchdünne Scheibchen schneiden und auf vier Tellern anrichten.
2. Das Gemüse entsprechend putzen, waschen: den Chinakohl der Länge nach vierteln, den Strunk herausschneiden und die Längsstücke nochmals vierteln.
3. Die Karotten in dünne Scheiben schneiden, die Frühlingszwiebeln in 5 cm lange Stücke schneiden, den Spinat in mundgerechte Stücke zerpflücken und die Paprikaschoten in grobe Würfel schneiden.
4. Das Gemüse ebenfalls auf vier Tellern verteilen.
5. Die Geflügelbrühe in einem Topf mit den kleingeschnittenen Pilzen, der Sojasauce und dem Sherry langsam zum Kochen bringen.
6. In der Zwischenzeit für die Paprikasauce die Paprikaschoten und die Zwiebel in sehr kleine Würfel schneiden und mit der Mayonnaise, der Crème fraîche und der Pflaumensauce in einer Schüssel verrühren. Mit dem Chiliöl, dem Paprikapulver, dem Zucker, Salz und Pfeffer abschmecken.
7. Für die Knoblauchsauce die Knoblauchzehen mit dem Salz zu einer Paste verrühren, den Schnittlauch fein schneiden, mit den übrigen Zutaten verrühren, mit Pfeffer würzen und mit dem Sherry verfeinern.
8. Für die Eiersauce die hartgekochten Eier und die Frühlingszwiebeln fein hacken, mit den übrigen Zutaten verrühren, mit dem Chiliöl, der Sojasauce, Salz und Pfeffer abschmecken.
9. Das Fleisch, das Gemüse und die selbstgemachten Saucen sowie die Fertigsaucen in Schälchen auf dem Tisch verteilen, den Feuertopf in die Mitte des Tisches stellen, die gewürzte Brühe hineingeben. Die Brühe muß ständig köcheln.
10. Jeder Gast kocht sich nun seine Zutaten je nach Geschmack in der Brühe.
11. Dazu reicht man Dampfbrötchen oder Weißbrot.
12. Nach dem Essen die Glasnudeln und den Reis in die Brühe geben, mit Sojasauce und etwas Sherry nochmals abschmecken, in Schälchen füllen und als abschließenden Gang reichen.

DER TIP

Der Feuertopf ist neben der Pekingente das wohl bekannteste Rezept der chinesischen Küche. Für Sie zu Hause ist dieses Gesellschaftsspiel sehr einfach und leicht vorzubereiten. Bestimmt werden Ihre Gäste begeistert sein, wenn Sie Ihre Phantasie noch ein wenig spielen lassen und auch Meeresfrüchte, Fisch, Gemüse und Obst mit auf den Tisch stellen. Die Saucen für dieses Gericht können Sie dann beliebig variieren.

Süßspeisen

Das Dessert kennt die chinesische Küche nicht. Süßspeisen werden zwischen den einzelnen Gängen als Unterbrechung würziger, langer Menüfolgen gereicht. Um dem europäischen Gaumen aber gerecht zu werden, habe ich einige süße Naschereien ausgewählt, mit denen Sie Ihre Gäste überraschen können.

jiang bo luo buding

Ananas-Ingwer-Sorbet

Zutaten für 4 Personen

1 Ananas
4 in Sirup eingelegte Ingwernüsse
3 EL Honig
100 g Mandelsplitter
2 Eiweiß
6 EL Puderzucker
½ TL gemahlener Ingwer

Außerdem:

1 Becher Sahne
1 Päckchen Vanillezucker
2 EL gehackte kandierte Früchte

So wird's gemacht:

1. Die Ananas schälen, halbieren und mit den Ingwernüssen pürieren oder durch die feine Scheibe des Fleischwolfes drehen.
2. Mit dem Honig und den Mandelsplittern vermischen, in eine Schüssel geben und in der Tiefkühltruhe leicht erstarren lassen, dabei öfter umrühren.
3. Anschließend die Eiweiße sehr steif schlagen.
4. Den Puderzucker und den Ingwer vermischen und unter ständigem Schlagen in den Eischnee einrieseln lassen.
5. Vorsichtig unter das Fruchtmus heben und erneut in die Tiefkühltruhe stellen.
6. Öfter umrühren und erstarren lassen.
7. In ausgehöhlten Früchten Ihrer Wahl anrichten, die Sahne steif schlagen und mit dem Vanillezucker süßen; die Früchte damit verzieren.
8. Mit den kandierten Früchten bestreuen und sofort servieren.

shui guo lafan sha la

Scharfer Reissalat mit Früchten

Zutaten für 4 Personen

1 Papaya
1 Mango
4 Scheiben Ananas
200 g frische Erdbeeren
1 Banane
200 g gekochter Reis

Für die Sauce:

3 EL Erdnußöl
4 EL Zucker
1 Tasse Weißwein
1 Tasse Crème fraîche
Saft einer Zitrone
1 TL gemahlener Szetschuanpfeffer

So wird's gemacht:

1. Die Papaya halbieren, entkernen, das Fruchtfleisch herauslösen und in kleine Würfel schneiden.
2. Die Mango schälen, das Fruchtfleisch vom Kern lösen und ebenso wie die Ananas kleinwürfeln.
3. Die Erdbeeren waschen und halbieren oder vierteln.
4. Die Banane schälen und ebenfalls in kleine Würfel schneiden.
5. Alle Zutaten mit dem Reis in eine Schüssel geben und vorsichtig miteinander mischen.
6. Für die Sauce das Öl erhitzen und den Zucker darin leicht karamelisieren lassen.
7. Mit dem Weißwein loskochen, die Crème fraîche und den Zitronensaft dazugeben und alles zu einer sämigen Sauce verkochen.
8. Den Szetschuanpfeffer dazugeben.
9. Den Reissalat damit anmachen und mindestens 30 Minuten im Kühlschrank ziehen lassen.
10. In Schälchen füllen, als Zwischengang oder, mit geschlagener Sahne garniert, als Dessert servieren.

shui guo mifan buding

Reiscreme mit Mandarinen und Lychees

Zutaten für 4 Personen

½ l Milch
1 Prise Salz
4 EL Zucker
1 Päckchen Vanillezucker
100 g Milchreis
3 in Sirup eingelegte Ingwernüsse
100 g geriebene Walnüsse
1 Becher Crème fraîche

Für die Sauce:

2 EL Erdnußöl
2 EL Zucker
½ Tasse Sherry
1 kleine Dose Mandarinenfilets
100 g Lychees aus der Dose

So wird's gemacht:

1. Die Milch in einem Topf mit dem Salz, dem Zucker und dem Vanillezucker erhitzen.
2. Den Milchreis dazugeben und bei sehr niedriger Temperatur mindestens 1 Stunde ausquellen lassen.
3. Die feingehackten Ingwernüsse, die geriebenen Walnüsse und die Crème fraîche unterrühren und weitere 10 Minuten köcheln lassen.
4. In dekorative Gläser füllen und erkalten lassen.
5. Für die Sauce das Öl in einer Pfanne erhitzen und den Zucker darin leicht karamelisieren lassen.
6. Mit dem Sherry und dem Mandarinensaft aus der Dose den Zucker loskochen.
7. Die Früchte dazugeben und kurz erhitzen.
8. Über die Reiscreme geben und sofort servieren.

DER TIP

Frische Früchte sind der Dosenware immer vorzuziehen, denn frische Lychees sind ein Gedicht. Dabei wird die Außenschale entfernt und das weiße Fruchtfleisch vom Kern gelöst. Mandarinenfilets schneidet man mit einem scharfen Messer aus der sorgfältig geschälten Mandarine.

zha shuiguo shala

Leicht gebratener Fruchtsalat

Zutaten für 4 Personen

1 Banane
1 Papaya
1 kleine Honigmelone
1 kleine Ananas
1 kleine Dose Lychees

Zum Braten:

2 EL Erdnußöl
1 Tasse Honig
2 in Sirup eingelegte Ingwernüsse

Für die Sauce:

1 Tasse Weißwein
½ Tasse Orangenlikör
1 Päckchen Vanillezucker
100 g gehackte Mandeln

So wird's gemacht:

1. Die Banane schälen und in 2 cm dicke Scheiben schneiden.
2. Die Papaya und die Melone halbieren, entkernen, schälen und in Schnitze schneiden.
3. Die Ananas schälen, halbieren, den Strunk herausschneiden und ebenfalls in dünne Schnitze schneiden.
4. Die Lychees gut abtropfen lassen.
5. Das Öl, den Honig und die feingehackten Ingwernüsse in einer Pfanne so lange erhitzen, bis sich ein leichter Karamel bildet.
6. Die Früchte hineingeben und kurz darin schwenken.
7. Vom Feuer nehmen und mit dem Weißwein, dem Orangenlikör und dem Vanillezucker verfeinern.
8. Erkalten lassen, die Früchte anrichten, mit dem Saft überziehen, mit den gehackten Mandeln bestreuen und servieren.

zha zao wan

Gebackene Dattelbällchen

Zutaten für 4 Personen

1 Rezept Hefeteig (siehe Seite 24)

Für die Füllung:

2 EL Butter oder Margarine
100 g entsteinte Datteln
100 g gehackte Mandeln
4 Ingwernüsse
4 cl Sherry
3 EL Honig
1 TL Zimt
½ TL Kardamom
1 Msp. Nelkenpulver

Außerdem:

Fett zum Ausbacken
1 EL Zimt
5 EL Zucker

So wird's gemacht:

1. Den Hefeteig nach Rezept herstellen.
2. Für die Füllung die Butter in einer Pfanne auslassen und die kleingeschnittenen Datteln kurz darin anschwitzen.
3. Die Mandeln und die feingeschnittenen Ingwernüsse dazugeben und kurz mitschwitzen.
4. Mit dem Sherry aromatisieren, mit dem Honig, dem Zimt, dem Kardamom und dem Nelkenpulver würzen.
5. Den Hefeteig zu Bällchen formen und diese mit der Dattelmasse füllen.
6. In schwimmendem Fett ausbacken.
7. Mit einer Mischung aus dem Zimt und dem Zucker bestreuen und servieren.

bo luo nailao buding

Quarkgelee mit Ananas

Zutaten für 4 Personen

200 g Magerquark
1 Tasse weißer Rum
1 Ananas
50 g Zucker
1 Päckchen Vanillezucker
1 EL geriebene Orangenschale
1 TL Zimt
1 Msp. Nelkenpulver
8 Blatt weiße Gelatine
1 Becher Sahne

Zum Garnieren:

einige kandierte Veilchenblüten
einige kandierte Früchte

So wird's gemacht:

1. Den Quark mit dem Rum in einer Schüssel glattrühren.
2. Die Ananas schälen, den Strunk herausschneiden. Das Fruchtfleisch fein hacken oder pürieren.
3. Den Zucker, den Vanillezucker, die Orangenschale, den Zimt und das Nelkenpulver mit dem Ananaspüree vermischen und in einem Topf erhitzen.
4. Die gewässerte Gelatine darin auflösen und alles mit dem Quark vermischen.
5. Die Sahne steif schlagen und erst dann unter die Quarkmasse heben, wenn diese vollkommen abgekühlt ist.
6. In mit Wasser ausgespülte Förmchen oder Gläser füllen und erkalten lassen.
7. Mit den Veilchenblüten und den kandierten Früchten garnieren und servieren.

shui guo hetao buding

Nußauflauf mit Fruchtsauce

Zutaten für 4 Personen

100 g Butter oder Margarine
100 g Zucker
4 Eigelb
250 g geriebene Nüsse
4 in Sirup eingelegte Ingwernüsse
1 EL geriebene Orangenschale
1 TL geriebene Zitronenschale
1 Päckchen Vanillezucker
200 g feingeriebener Zwieback
4 cl Orangenlikör
4 Eiweiß
Fett zum Ausfetten

Für die Sauce:

2 EL Butter oder Margarine
3 EL Zucker
2 EL Honig
1 kleine Dose Fruchtcocktail aus exotischen Früchten
4 cl Orangenlikör

So wird's gemacht:

1. Die Butter und den Zucker in einer Schüssel schaumig schlagen.
2. Die Eigelbe, die Nüsse, die sehr feingehackten Ingwernüsse, die Orangenschale und die Zitronenschale daruntermischen.
3. Den Vanillezucker mit dem geriebenen Zwieback vermischen, in einer Pfanne leicht rösten und anschließend unter die Nußmasse rühren.
4. Mit dem Orangenlikör aromatisieren.
5. Die Eiweiße sehr steif schlagen und vorsichtig unter die Masse heben.
6. Auflaufförmchen ausfetten und die Masse einfüllen.
7. Im Wasserbad je nach Größe der Förmchen etwa 20–30 Minuten kochen.
8. In der Zwischenzeit die Butter oder Margarine in einer Pfanne erhitzen und den Zucker darin leicht karamelisieren lassen.
9. Den Honig dazugeben und mit dem Fruchtsaft loskochen.
10. Die Früchte dazugeben und mit dem Orangenlikör aromatisieren.
11. Den Nußpudding anrichten und mit der Fruchtsauce garniert servieren.

DER TIP

Eine weitere beliebte Süßspeise sind die in Backteig ausgebackenen Früchte. Besonders delikat werden sie, wenn Sie die Früchte nach dem Ausbacken in Zuckerkaramel wenden. Ein besonderes Aussehen erhalten sie, wenn man sie zusätzlich noch vor dem Erkalten kurz in Eiswasser taucht.

Rezeptverzeichnis

ISBN 3 8068 4184 5

6272 Niedernhausen/Ts.
Titelbild: TLC-Foto-Studios GmbH, Bocholt
Fotos: TLC-Foto-Studios GmbH, Bocholt

Satz: LIbroSatz, Kriftel bei Frankfurt
Druck: Mohndruck Graphische Betriebe GmbH, Gütersloh

817 2635 4453